増谷文雄

阿含経典による

仏教の根本聖典

大法輪閣

三帰依三唱

佛に帰依したてまつる。　法に帰依したてまつる。
僧に帰依したてまつる。

二たび佛に帰依したてまつる。　二たび法に帰依したてまつる。
二たび僧に帰依したてまつる。

三たび佛に帰依したてまつる。　三たび法に帰依したてまつる。
三たび僧に帰依したてまつる。

目次

第一篇

求道

第一章　自己省察

南伝　増支部経典　三、三八
漢訳　中阿含経　一一七　柔軟経

かようにわたしは聞いた。

ある時、世尊《せそん》は、サーヴァッティー（舎衛城《しゃえい》）のジェータ（祇陀《ぎだ》）林《りん》なる給孤独《ぎっこどく》の園にましました。

その時、世尊は比丘《びく》たちにかように語られた。

「比丘たちよ、いまだ出家せぬころのわたしは、苦というものを知らぬ、きわめて幸福な生活をしていた。比丘たちよ、わたしの父の邸《やしき》には池があって、青蓮や、紅蓮や、白蓮がうつくしい花をさかせていた。わたしの部屋ではカーシ（迦戸）産の栴檀香《せんだんこう》が、いつも、こころよい香をただよわせていた。わたしの衣服は、上から下まで、これもまたカーシ産の布でつくられていた。

比丘たちよ、わたしには三つの別邸があり、一つは冬によく、一つは夏に適し、一つは春のためであった。夏の四月の雨の間は、夏の別邸にいて、歌舞をもてかしずかれ、一歩も外に出ることがなかった。外に出る時には、塵《ちり》や、露や、日ざしをさけるために、いつも白い傘蓋《さんがい》がかざされていた。また比丘たちよ、他の人々の家では、奴婢《ぬひ》や寄食者には、糠食に塩粥をそえて与えるだろうところを、わたしの父の家では、奴婢にも寄食者にも、米と肉との食事が供せられていた。

比丘たちよ、わたしは、そのように富裕な家に生まれ、そのように幸福であったのに、わたしは思った。愚かなる者は、自ら老いる身でありながら、かつ未だ老いを免れることを知らないのに、他人の老いたるを見ては、おのれのことはうち忘れて、厭《いと》い嫌う。考えてみると、わたしもまた老いる身である。老いることを免れることはできない。それなのに、他の人の老い衰えたるを見て厭い嫌うというのは、わたしにとって相応《ふさわ》しいことではない。比丘たちよ、わたしはそのように考えたとき、あらゆる青春の誇りはことごとく断たれてしまった。

比丘たちよ、わたしはまた思った。愚かなる者は、自ら病む身であり、病いを免れることはできないのに、他人の病めるをみては、おのれを忘れて厭い嫌う。考えてみると、わたしもまた病まねばならぬ。病いを免れることはできない。それなのに、他の人の病めるをみて厭い嫌うというのは、わたしにとって相応しいことではない。比丘たちよ、わたしは、そのように考えたとき、わたしの健康の誇りは、ことごとく断たれてしまった。

また比丘たちよ、わたしは思ったことである。愚かなる人々は、自ら死する身であり、死することを免れないのに、他の死せる者をみると、おのれを忘れて厭い嫌う。考えてみると、わたしもまた死ぬる身である。死ぬることを免れることはできぬ。それなのに、他の人の死せるをみて忌み嫌うということは、これはわたしにとって相応しいことではない。比丘たちよ、わたしは、そのように思ったとき、わたしの生存の憍逸《おごり》はことごとく断たれてしまったのである。」

第二章　聖なる求め

南伝　中部経典　二六　聖求経
漢訳　中阿含経　二〇四　羅摩《らんま》経

一

かようにわたしは聞いた。

ある時、世尊は、サーヴァッティー（舎衛城）の祇園精舎《ぎおんしょうじゃ》にあられた。そのある夕べのこと、世尊は、アーナンダ（阿難）の誘うままに、婆羅門ランマカ（羅摩）の庵を訪れたことがあった。庵では、多くの比丘たちが集まって、法談を交えていた。世尊は、彼らの法談をよみし、かつこのように説きたもうた。

「比丘たちよ、世に人の求めるものに二種のものがある。一つには聖なる求め、二つには聖ならぬ求めがそれである。では、まず、聖ならぬ求めとは何であろうか。ここに人あり、みずから生《しょう》・老・病・死・愁《うれ》い・けがれの法のなかにありながら、その わざわいなる所以《ゆえん》を知らず、執着して、そを出離《しゅつり》せんことを思わないとせば、その人は、いかに無上安穏の涅槃《ねはん》を求めても、結局、求めて得べき理由がないのである。これが聖ならぬ求めというものである。では、聖なる求めとはなんであろうか。ここに人あり、みずから生・老・病・死・愁い・けがれの法のなかにあって、そのわざわいなる所以を知り、そを出離せんことを念《おも》うとせば、その人は、無上安穏の涅槃を求めて、そを得べき理由が存するのである。これが聖なる求めというものである。

比丘たちよ、わたしもまた、まだ悟らない以前には、みずから生・老・病・死・愁い・けがれの法のなかにありながら、そのわざわいなる所以を知らず、執着して、そを出離せんことを思わなかった。その時、ふと、わたしの心の中に、新しい考えが生じた。わたしは、みずから生死の法の中にある。病むものであり、老いるものであり、死するものであり、愁い多きものであり、けがれに充《み》ちたるものである。それなのに、なぜにわたしは、依然として、この生死の法に執着するのであろうかと。そして、わたしは、そのわざわいなる所以を知り、その執着すべからざることを知り、そを出離せんことを思うにいたった。

比丘たちよ、その時、わたしはまだ年若くして、漆黒《しっこく》の髪をいただき、幸福と血気とにみちて、人生の春にあった。父母はわたしの出家をねがわなかった。わたしの出家の決意を知って、父母は慟哭《どうこく》した。だがわたしは、ひげとかみを剃《そ》りおとし、袈裟衣《けさえ》をまとい、在家の生活をすてて、出家の修行者となった。」

二

「比丘たちよ、わたしは、無上安穏の涅槃を求めて、アーラーラ仙を訪ねた。わたしは問うて言った。『尊者《そんじゃ》よ、わたしはあなたの教えによって修行したいと思うが、よいであろうか。』彼は答えて言った。『宜しい。ここにとどまって修行するがよい。』わたしは、また問うて言った。『尊者よ、あなたはいかにしてこの法を成就されたのであるか。』彼は答えて言った。『わたしは、識無辺処《しきむへんしょ》を超え、無所有処《むしょゆうしょ》を得て、この法を成就したのである。それには、自ら知り、自ら証《あか》し、自ら達したのである。』

その時、わたしはこう思った。――彼だけが信を有するのではない。わたしにだって信はある。彼だけが精進《しょうじん》を有するのではない。わたしにも精進はある。彼のみに智慧《ちえ》があるわけではない。それもわたくしにだってある。彼はこの法を、自ら知り、自ら証し、自ら達したという。わたしもまた、自らこの法を証得しよう。――

そこでわたしは、ひとり遠く人里を離れた静かな処に入り、心に放逸《ほういつ》なく、修行し、精進した。かくてわたしは、久しからずして、自らこの法を証得することができた。

比丘たちよ、そこでわたしは、ふたたび彼のところに行って言うた。『尊者よ、わたしもまた、この法を自ら知り、自ら証し、識無辺処を超えて、無所有処を成就することができた。』すると彼は、わたしに言った。『わたしがこの法を成就したように、あなたもこの法を成就したのであるから、われわれは同行者である。あなたも、わたしとともに、わたしの弟子を領するがよい。』かように彼は、わたしを同等におき、わたしに最上の尊敬と供養を与えた。だが、わたしは――この法は智に導かず、覚《かく》に導かず、涅槃《ねはん》に導かぬ。わたしは、この法をすてて、さらに無上安穏の涅槃を求むべきである――と思って、彼のところを去った。

比丘たちよ、わたしは、さらに無上安穏の涅槃を求めて、ウッダカ仙を訪うた。わたしは問うて言った。『尊者よ、わたしはあなたの法の中において学びたいと思うが、よいであろうか。』彼は答えて『宜しい。ここにとどまって学ぶがよい。』と言った。わたしは、また問うて言った。『尊者よ、あなたはいかにしてこの法を成就されたのであるか。』彼は答えて言った。『わたしは、無所有処をこえ、非想非非想処《ひそうひひそうしょ》を得て、この法を成就したのである。それには、自ら知り、自ら証し、自ら達したのである。』

その時、わたしはこう思った。――彼のみが信を有し、彼のみが精進があり、彼のみが智慧をもつわけではない。それはわたしにだってある。彼はこの法を自ら知り、自ら証し、自ら達したという。わたしもまた、自らこの法を証得しよう。――そこでわたしは、またひとり、遠く人里はなれた静処に入って、心に放逸なく、修行し、精進した。かくて、久しからずして、わたしもまたこの法を証得することができた。

比丘たちよ、そこでわたしは、ふたたび彼のもとに到って、その由《よし》を伝えた。彼もまた、わたしに最上の尊敬と供養を与え、同行者として、ともにその弟子を領さんことを乞うた。だが、わたしは——この法も智に導かず、覚に導かず、涅槃に導かぬ。わたしはむしろ、この法をすてて、さらに無上安穏の涅槃を求むべきである——と思って、彼のところを去った。」

三

「比丘たちよ、わたしは、さらに無上安穏の涅槃を求めて、マガダ国を遊行《ゆぎょう》し、ウルヴェーラー村に到った。そこでわたしは、愛すべき土地を見出した。清適なる林があり、清澄なる水があり、河の堤はうるわしく、附近の村は豊かであった。——この地やよろし、叢林《そうりん》はすずしく、清流は岸にみちている。わたしはいま、この地で修行しよう——わたしはそう思って、一本の菩提樹《ぼだいじゅ》の下にいたり、吉祥草《きちじょうそう》を布《し》き、その上に坐具を敷いて、煩悩つきるに至らずんば、断じてこの坐を解かじと念じて、修行の坐についた。

こうして、わたしは、生もなく、病もなく、老もなく、死もなく、愁いもなく、けがれもない、無上安穏の涅槃を求めて、ついにこれを得ることができた。その時、わたしに一つの智見が生まれた。——わたしの解脱《げだつ》はもはや不動である。迷いの人生は尽きた。清浄なる修行はすでに確立した。作《な》すべきことはすでに作《な》しおわった。もはや、ふたたび迷妄《まよい》の人生をうけることはない——と。」*

＊以下は、第二篇第一章の「最初の説法」につづく。

第三章　山の都にて

南伝　小部経典経集　三、一
漢訳　有部毘奈耶破僧事　四

仏陀《ぶつだ》はいかにして出家したまいしか。
彼はいかに観察したまいて、
出家をはなはだ喜びたまいしか。
仏陀の出家について私は語ろう。

家居の生活はせまくるしい。
煩わしく、塵垢《けがれ》の生ずるところ。
しかるに出家はひろびろとして、
煩いなしとて出家したもうた。

出家したまえる後には、
身による悪業《あくごう》を離れたまい、
語《ことば》による悪業を捨て了りて、
あまねく生活を浄めたもうた。

仏陀は、いまだ成道《じょうどう》せざりし頃、
マガダ（摩掲陀）の国の山にかこまれし都に赴きたもうた。
優《すぐ》れたる相に充てる仏陀は、
托鉢《たくはつ》のためにラージャガハ（王舎城）に赴きたもうた。

高殿に立ちいたるマガダの国の王、
ビンビサーラ（頻毘娑羅）は、かの仏陀を見た。
妙《たえ》なる相を具足せるかの仏陀をみて、
王は侍者たちにかく語った。

汝らよ、かの者を注目するがよい。
かれは姿うるわしく顔貌《かおかたち》きよらかに、

その行歩するや悠容として、
眼《まなこ》は前方一丈のところを見る。

彼は心に念ずるところがあるであろう。
彼は賤《いや》しい家の出ではあるまい。
いそぎ王使をつかわしてしらべよ、
かの比丘はいずこにゆかんとするか。

遣わされたる王の使者は、
仏陀の後より随《したが》いゆいた。
この比丘はいずこへゆくであろう、
かれの住処《すみか》はいずこであろうと。

よくもろもろの感官を調御《ととの》えて、
正念《しょうねん》あり、正知ある、かの仏陀は
家より家へ、しだいに行乞《ぎょうこつ》して、
すみやかに鉢をみたしたもうた。

やがて、かの牟尼《むに》は行乞を了《おわ》りて、
山の都の町をいでゆき、
「此処《ここ》をぞ住処《すみか》にこそ」とて、
パンダヴァ（盤荼婆）の山に赴きたもうた。

仏陀がその住処に入るをみて、
王の使者たちは近づきうかがい、
やがて、一人の使者は
王城にかえり、奏上して言った。

「大王よ、かの比丘は、
パンダヴァの山の前方なる洞窟《どうくつ》に
虎のごとく、牛のごとく、また
獅子《しし》のごとく坐してましします。」

使者の奏上するを聞きおわるや、

王は美しき乗物をかって、
急ぎはせて、パンダヴァの山の
かの洞窟へとむかいたもうた。

かの刹帝利族《クシャトリア》なる王は、
乗物のゆくかぎり行かしめて、
それよりさらに歩行しいたり、
かの牟尼《むに》の住処にいたって坐した。

坐して、さて、王と牟尼とは、
喜ばしき挨拶の言葉を交わした。
かの王は挨拶の言葉を了《おわ》るや、
牟尼にかたって言った。

「汝はいまだ年少にして若く、
人生の第一期にある青年である。
栄えゆく青春の容色《かんばせ》を具し、

しかも由緒《ゆいしょ》ある武士であろう。

私は汝の欲する俸禄を与えよう。
由緒ある汝は、かの象軍を先頭とする、
わが精鋭なる軍に参加するがよい。
私は問う、汝の生まれを語れ。」

「王よ、かの雪山《ヒマーラヤ》の山のふもとに、
昔よりコーサラ（拘薩羅）国に属し、
財宝と勇気とを兼ね備えたる、
端正なる一つの種族がある。

その胞族を「太陽の裔《すえ》」（Ādicca-bandhu 日種）と称し、
わが氏族をサーキャ（Sākya 釈迦）と名づくる。
王よ、私はその家より出家した。
そは、もろもろの欲望を希求せんがためではない。

もろもろの欲望のわざわいを見つくし、
欲望を離るるこそ安穏なりとするが故に、
その道に精進せんと、われは思う。
諸欲にはあらず、精勤をこそ、わが心はよろこぶ。」

第四章　大覚成就

南伝　小部経典　自説経《ウダーナ》　一、一―三　菩提品

一　さとり（1）

かようにわたしは聞いた。

ある時、世尊は、ウルヴェーラー（優楼比螺）のネーランジャラー（尼連禅）河のほとり、菩提樹のもとにあって、初めて正覚を成じたもうた。そこで、世尊は、ひとたび結跏趺坐《けっかふざ》したまま、七日のあいだ、解脱のたのしみを享《う》けつつ坐しておられた。そして、七日をすぎてのち、世尊は、その定坐より起《た》ち、夜の初分《しょぶん》のころ、つぎのように、順次に、縁起の法を思いめぐらした。「これがあれば、これがある。これが生ずれば、これが生ずる。〝すなわち、無明《むみょう》に縁《よ》って行《ぎょう》がある。行に縁って識《しき》が

ある。識に縁って名色《みょうしき》がある。名色に縁って六入《ろくにゅう》がある。六入に縁って触《そく》がある。触に縁って受《じゅ》がある。受に縁って愛《あい》がある。愛に縁って取《しゅ》がある。取に縁って有《う》がある。有に縁って生《しょう》がある。生に縁って老・死・憂・悲・苦・悩・絶望がある。この苦の集積のおこりは、かくのごとくである〟」と。

その時、世尊は、この成果を知って、つぎのような偈《げ》をとなえられた。

「まこと熱意をこめて思惟する聖者に、
かの万法のあきらかとなれるとき、
かれの疑惑はことごとく消えされり。
有因の法を知れるがゆえなり。」

二　さとり（2）

かようにわたしは聞いた。

ある時、世尊は、ウルヴェーラー（優楼比螺）のネーランジャラー（尼連禅）河のほとり、菩提樹のもとにあって、初めて正覚を成じたもうた。そこで、世尊は、ひとたび結跏趺坐したまま、七日のあいだ、解脱のたのしみを亨《う》けつつ坐しておられた。そして、七日をすぎてのち、世尊は、その定坐より起ち、夜の中分《ちゅうぶん》のころ、つぎのように、逆次に、縁起の法を思いめぐらした。「これがなければ、これがない。これが滅すれば、これが滅する。〝すなわち、無明がなくなれば行《ぎょう》がなくなる。行がなくなれば識《しき》がなくなる。識がなくなれば名色がなくなる。名色がなくなれば六入《ろくにゅう》がなくなる。六入がなくなれば触《そく》がなくなる。触がなくなれば受《じゅ》がなくなる。受がなくなれば愛《あい》がなくなる。愛がなくなれば取《しゅ》がなくなる。取がなくなれば有《う》がなくなる。有がなくなれば生《しょう》がなくなる。生がなくなれば老・死・憂・悲・苦・悩・絶望がなくなる。この苦の集積の滅は、かくのごとくである〟」と。

その時、世尊は、その成果を知って、つぎのような偈をとなえられた。

「まこと熱意をこめて思惟する聖者に、
かの万法のあきらかとなれるとき、
かれの疑惑はことごとく消え去れり。
諸縁の滅尽《めつじん》を知れるがゆえなり。」

三　さとり（3）

かようにわたしは聞いた。

ある時、世尊は、ウルヴェーラー（優楼比螺）のネーランジャラー（尼連禅）河のほとり、菩提樹のもとにあって、初めて正覚を成じたもうた。そこで、世尊は、ひとたび結跏趺坐したまま、七日のあいだ、解脱のたのしみを享けつつ坐しておられた。そして、七日をすぎてのち、世尊は、その定坐より起ち、夜の後分《こうぶん》のころ、つぎのように、順次にまた逆次に、よく縁起の法を思いめぐらした。

「これがあれば、これがある。これが生ずれば、これが生ずる。これがなければ、これがない。これが滅すれば、これが滅する。〝すなわち、無明によって行がある。……（一の一におなじ）……この苦の集積のおこりは、かくのごとくである。また、あますところなく、無明を滅しつくすことによって行が滅する……（一の二におなじ）……この苦の集積の滅尽は、かくのごとくである〟」と。
その時、世尊は、その成果を知って、つぎのように、たかまる思いを偈に託して謳《うた》いたもうた。
「まこと熱意をこめて思惟する聖者に
かの万法のあきらかとなれるとき
あたかも天日の天地を照らすがごとく
悪魔の軍を破りてそそり立てり。」

第五章　正法を敬重する

南伝　相応部経典　六、二　恭敬
漢訳　雑阿含経　四四、一一

かようにわたしは聞いた。

ある時、世尊は、ウルヴェーラ（優楼比羅）のネーランジャラー（尼連禅）河のほとりなる、一樹の下にましました。それは、正覚を成じたまいし時のことであった。

その時、世尊は、ただ独り坐して静観しつつ、かように考えたもうた。

「尊敬するところなく、恭敬《くぎょう》するところなき生活は苦しい。わたしは、いかなる沙門《しゃもん》または婆羅門《ばらもん》を、敬い尊び、近づきて住すべきであろうか。」と。

だが、世尊は、さらにまた考えたもうた。

「もしもわたしに、いまだ満たされぬ戒《かい》があり、定《じょう》があり、また慧《え》があるならば、それらを成就するためには、わたしは、他の沙門もしくは婆羅門を、敬重し尊崇して、近づき住すべきであろう。されど、わたしは、この一切世界において、わたしよりもよく戒を成就せるもの、定を成就せるもの、また慧を成就せるものを見ることはできない。しからば、わたしはむしろ、わが悟りし法、この法をこそ敬い尊びて、近づき住すべきであろう。」

その時、梵天《ぼんてん》王は、世尊の心に思うところを知り、たとえば力ある男子が屈したる腕を伸ばし、また伸ばしたる腕を屈するがごとく、たちまちにして梵天界の姿を没して、世尊のまえに現われ、世尊を拝して言った。

「世尊よ、しかり。善逝《ぜんぜい》よ、しかり。過去の正等覚者《しょうとうがくしゃ》も、法を敬い尊びて、近づき住したもうた。未来の正等覚者もまた、法を敬い尊びて、近づき住したもうであろう。いま正等覚者にてまします世尊も、法をこそ敬い尊んで近づき住したもうがよい。」

そして梵天王はさらに、このことを、偈をもってかように述べた。

「過去の正覚者も、未来の諸仏も、

またいま、ここに正覚者たる者も、
衆生《しゅじょう》のもろもろの憂悩《ゆうのう》を滅《めっ》する人は、
すべて正しき法をこそ敬いて、
住し給いき、いまも住し給う。
また未来にも住したもうであろう。
そは諸仏にとりて、法として然《しか》るのである。
しかるが故に、
よくおのれの利益をこい願い、
大いなる状態をのぞまん者は、
仏陀のおしえを憶念することによりて、
正法を敬わざるべからずという。」

第六章　梵天の勧請

南伝　相応部経典　六、一　勧請
漢訳　増一阿含経　一九　勧請品

かようにわたしは聞いた。

ある時、世尊は、ウルヴェーラ（優楼比羅）のネーランジャラー（尼連禅）河のほとりにて、一もとの樹下《じゅげ》にましました。それは、まさに正覚を成じたまいし時のことであった。

その時、世尊は、ただ独り坐して、静かなる思いの中に、かかる思念《おもい》をなしたもうた。

「わたしがいま証得したこの法は、はなはだ深くして見がたく悟りがたく、微妙にして思念の領域を超え、深妙《じんみょう》にして賢者のみよく知るべきものである。しかるに人々は五欲を楽しみ、五欲を喜び、五欲に躍《おど》る。かかる人々には、この縁起の理《ことわり》は見がたく、この涅槃の理は悟りがたいであろう。もしわたしが法を説いたとしても、人々はわたしの言うところを了解せず、私はただ疲労困憊《こんぱい》するのみであろう。」

かくのごとく思念して、世尊の心は黙止に傾き、説法せんとは欲しなかった。その時、梵天《ぼんてん》は、はるかに世尊の思うところを知って、かく考えた。

「ああ、世間は滅ぶるであろう。ああ、世間は滅ぶるであろう。いまや世尊の心は、沈黙に傾きて、法を説くことを欲したまわぬ。」

かくて梵天は、たとえば力ある男子が、屈した腕を伸ばし、また伸ばした腕を屈するように、たちどころに、梵天界より姿を没して、世尊のまえに現われ、世尊を合掌礼拝して言った。

「世尊よ、法を説きたまえ。世尊よ、願わくは法を説かせたまえ。世間には、その眼の塵垢《けがれ》に蔽《おお》わるること少なき人々もある。彼らは、法を聞くことを得なかったならば退き堕《お》ちるであろう。されど、彼らは、聞くことを得ば、悟ることができるであろう。」

その時、世尊は、梵天王の勧請を知りて、衆生に対する哀憐《あいれん》の心を生じ、覚者《かくしゃ》の眼をもって、世間を眺めたもうた。そこには、塵垢《けがれ》おおい者もあり、塵垢すくない者もあった。利根《りこん》の者もあり、鈍根の者もあった。善《よ》き相《そう》の者もあり、悪しき相の者もあった。教えやすき者もあり、教えがたき者もあった。その中のある者は、来世と罪過の怖れを知っていることも見られた。そのさまは、譬《たと》えば、蓮池《はす》に生《お》いる青き、赤き、また白き蓮の花が、あるいは水の中に生じ、水の中に長じ、水の中にとどまっているもあり、あるいは水の中に生じ、水の中に長じ、水面にいでて花咲けるもあり、またあるいは、水より抜きんでて花咲き、水のために汚れぬもののあるに似ていると思われた。

かくて世尊は、偈をもって梵天王に答えて言った。

「いま、われ、甘露《かんろ》の門をひらく。

耳ある者は聞け、ふるき信を去れ。

梵天よ、われは思い惑《まど》うことありて、

この微妙の法を説かなかったのである。」

これを聞いて、梵天王は、世尊はわが願いを許したもうた、世尊は説法を決意したもうたとて、世尊を拝してその姿を没した。

第二篇

伝道の開始

第一章　最初の説法

南伝　中部経典　二六　聖求経
漢訳　中阿含　二〇四　羅摩経

一

（ある時、婆羅門ランマカの庵《いおり》にて、比丘《びく》たちのために説かれた世尊の説法のつづき）

「比丘たちよ、わたしは、最高のさとりを得たとき、まずこれを、誰のために説くべきかを考えた。その時わたしは、アーラーラ仙《せん》のことを思い、またウッダカ仙のことを思った。彼らがもしこの法を聞いたならば、すみやかに悟ることができるであろうと思われた。だが、彼らはすでに命《いのち》終わって、この世にいなかった。

比丘たちよ、わたしはさらに、この法を誰のために説くべきかを考えた。その時わたしは、かつてわたしが苦行していたとき、わたしのためにさまざまの労事《ほねおり》をしてくれた五人の比丘のことを思った。彼らはいま何処《いずこ》にいるであろうか。わたしは清浄なる天眼《てんげん》をもって、彼らがいまバーラーナシー（波羅捺）の鹿野苑《ろくやおん》にいることを知った。そこでわたしは、やがて菩提樹の下をたち、衣をとり、鉢をもって、バーラーナシーに向かって出発した。

比丘たちよ、わたしはその途中で、邪命外道《じゃみょうげどう》のウパカ（優波迦）なるものに遇《あ》った。彼はわたしを見て言った。『尊者よ、あなたの顔色はまことに清らかであるが、あなたは誰を師として学ばれたか。誰の教えを奉ずるものであるか。』わたしはその問いに、かような偈《げ》をもって答えた。

われは一切勝者、一切知者である。
一切の法のために縛《ばく》せられず、
すべてを捨て、渇愛《かつあい》つきて解脱《げだつ》した。
みずから覚りて誰をか師と言おう。
われには師もない。等《ひと》しい者もない。
この世にはわれに比すべき者はない。
われは世間の供養にあたいするもの、
われは世間の無上の師である。
ただひとりなる正等覚者《しょうとうがくしゃ》にして、
清く涼やかなる涅槃を得たのである。
かくて法輪《ほうりん》を転ぜんとて迦尸《カーシ》の都へゆく。
盲《めし》いたる世界に甘露の鼓《つづみ》を撃《う》たんとするのである。

ウパカはまた問うて言った。『尊者よ、あなたは何によって、自ら一切勝者であると認めるのであるか。』わたしはまた、偈をもって答えた。

　もろもろの悪《あ》しき法に勝てるが故に、
　われは勝てる者と称するのである。
　なんじ、もろもろの煩悩を滅ぼさば、
　われとおなじく勝者と称するがよい。

だがウパカは、『あるいは然《しか》らんか』と言って頭をふりながら、別の道を去って行った。」

二

「比丘たちよ、やがて、わたしはバーラーナシー（波羅捺）の鹿野苑に着いた。その時、五人の比丘は、はるかにわたしの到るのを見て、たがいに約して言った。『見よ、かしこに沙門ゴータマ（瞿曇）が来る。彼は精進苦行をすて、奢侈《おごり》に堕《だ》した者である。彼には礼をなすまい。起《た》って迎えまい。衣《え》鉢《はつ》をとってやるまい。』だが、わたしが近づくと、彼らは、起ってわたしを迎え、ある者はわたしの衣鉢をうけとり、ある者は洗足《すすぎ》の水を用意し、ある者は座をととのえて、わたしを請《しょう》じた。彼らはわたしの名を呼び、また『友よ』といった。そこでわたしは、彼らに告げて言った。『なんじらは、わたしを名をもって呼んではいけない。また友と呼んではならぬ。わたしはもはや如来である、最高の覚者《かくしゃ》である。世間の供養にあたいするものである。なんじらは善《よ》く聴くがよい。わたしはすでに不死の法を得たのである。それをいま教える。教えるところに従って行じたならば、久しからずして無上の梵行《ぼんぎょう》を成就することを得るであろう。なんじらが家を捨てて出家行者となった本懐は、それによって遂げられるであろう。』

比丘たちよ、わたしがかように説いたとき、彼らは言った。『ゴータマよ、なんじは、かつて、あのように苦行したるも、なお人法《にんぽう》を超える聖智《しょうち》を得るに至らなかった。いわんや、なんじは精進を捨て、奢侈《しゃし》に堕して、どうして殊勝の聖智聖見を得べき道理があろうか。』わたしは重ねて彼らに言った。『わたしは精進をすてたのではない。奢侈に堕したのではない。そして、いまわたしは如来となった。世の供養にあたいするもの、最高の覚者となった。なんじらは善く聴くがよい。わたしはすでに不死の法を得たのである。わたしはいま、それを教えよう。』それでも彼らは、なお前の言葉をくり返して、わたしを拒《こば》んだ。わたしは三たび言ったが、彼らは三たび拒んだ。そこで、わたしはさらに言った。『では、なんじは、かつてわたしの顔光《がんこう》のいまのように輝くのを見たことがあるか。』かく説いて、わたしは彼らを説得した。ようやく彼らに聴かんとする心が萌《きざ》したのである。」

三

「比丘たちよ、わたしは彼らのために説いた。

なんじらは、まさに知るべきである。世には二つの極端がある。出家の行者はそれを学んではならぬ。二つの極端とは何であろうか。一つには、もろもろの欲に愛著《あいちゃく》することである。それは卑《いや》しく、凡夫のわざであって、聖ではない。益するところはない。二つには、自ら苦しめることである。それは苦であって、聖ではない。益するところはない。わたしはこの二つの極端をすてて、中道をさとった。それは、眼を開き、智を発《おこ》し、寂静《じゃくじょう》を得しめ、覚悟を与え、正覚《しょうがく》に到らしめ、涅槃に赴かしめる。すなわち、正見《しょうがく》、正思、正語、正業《ごう》、正命《みょう》、正精進、正念、正定《じょう》の、八つの正しい道が、それである。

比丘たちよ、わたしはさらに、彼らのために、四つの真理を語った。なんじら、聴くがよい。ここに四つの真理がある。曰く、苦の真理、苦の集《おこり》の真理、苦の滅《ほろび》の真理、苦の滅への道の真理が、それである。

苦の真理とは何であろうか。曰く、生《しょう》は苦である。老は苦である。病は苦である。死は苦である。愛する者と別れるも苦である。憎むものと会うも苦である。求めて得ざるも苦である。略して説けば、われらが生をなす総《すべ》てのものは苦である。これが苦の真理である。

苦の集《おこり》の真理とは何であろうか。充足と欲貪《よくとん》をともない、到るところに満足を求める心、すなわち渇愛《かつあい》こそは、輪廻《りんね》をもたらし、苦の起こりきたるところである。これに欲の愛と有《う》の愛と無有《むう》の愛とがある。これが苦の集《おこり》の真理である。

苦の滅《ほろび》の真理とは何であろうか。この渇愛を、あますところなく捨て去り、離れ去り、解脱して執著《しゅうじゃく》することがなければ、また苦の起こりきたることもない。これを苦の滅の真理とする。

苦の滅にいたる道の真理とは何であろうか。それは八つの正しい道であって、正見と正思と正語と正業と正命と正精進と正念と正定とである。これが苦の滅にいたる道の真理である。

かように、わたしは、いまだかつて聞かざる真理によって、眼を開き、智を発《おこ》し、明を生じ、正覚《さとり》に到ったのである。さればわたしは、自ら無上の正覚を成ずることを得たというのである。

比丘たちよ、わたしはさらに、心のままに彼らに説いた。ある時は、二人が教えをうけ、三人は行乞《ぎょうこつ》した。三人が食を持ってくれれば、六人が食べるに足りた。ある時は、三人が教えを受け、二人は行乞した。二人が食を持ってくれれば、六人が食べるに足りた。

かようにして教えたので、コーンダンニャ（憍陳如）がまず真理に眼を開いた。ついでヴァッパ（婆頗）とバッディヤ（跋提）が眼を開いた。さらにマハーナーマン（摩訶男）及びアッサジ（阿説示）もまた眼を開いた。かくて彼らは、この教えを措《お》いて、もはや他に依るところもなく、わたしに請うて言った。『われら願わくば、師のみもとにおいて修行することをゆるしたまえ。』わたしは答えて言った。『来たれ比丘たちよ。法は善く説かれた。来たって、梵行《ぼんぎょう》を行じ、苦の滅を得るがよい。』これが彼らの受戒であった。かくて、この世に六人の聖者があることとなった。*」

＊この一段は、原本では五種欲分（pañca kamagunā）を説く経をもってしているが、その説法は「如来所説」（S. 56, 11—12, Tathāgatena vutta）以外をもってするは適当ではない。

第二章　最初の弟子たち

南伝　律蔵　大品　一
漢訳　四分律　三二

一

　そのころ、バーラーナシー（波羅捺）にヤサ（耶舎）という若者があった。長者の子にて、心柔和であった。彼には三つの居《きょ》があって、寒きには冬の居、暑きには夏の居、雨の季には雨の居に住んだ。ある時、彼は、雨の季にあたり、雨の居にあること四月の間、侍女たちにかしずかれて、一歩も居を出なかった。そのある夜のこと、彼は欲楽《よくらく》のことに疲れて眠り、侍女たちもまた眠った。夜半、油燈《ゆとう》ひとり輝くもと、彼はふと眠りより覚めて、侍女たちの眠れるさまを見た。あるものは琵琶《びわ》を腋《わき》にいだき、あるものは小鼓《こづつみ》をうなじにのせ、あるものは鼓を胸におき、あるものは髪をみだし、あるものは涎をながして寝語《ねごと》を言う。そのさまは、あたかも、墓所にあるがごとくであった。これを見て、彼は、欲楽のわざわいを思い、心に厭《いと》いを生じた。彼は嘆じて言った。「ああ、わざわいなるかな。」そして、黄金《こがね》の履《くつ》をはき、居を出《い》で、城門をぬけ、さまようて鹿野苑にいたった。

二

その時、世尊は、晨朝《あした》におきて遊歩していたが、はるかに長者の子の来るを見て、座をしいて坐した。やがて長者の子は、世尊に近づくと、「ああ、わざわいなるかな」と嘆いた。世尊はそれを聞いて、彼に告げて言った。「なんじよ、ここにはわざわいはない。ここに来て坐るがよい。わたしは、なんじのために法を説こう。」彼は、わざわいなしと聞いて、心ひかれ、世尊のいますところに歩み寄り、履《くつ》をぬぎ、世尊を拝して坐った。

世尊は、彼のために、次第をおうて法を説いた。布施《ふせ》を説き、持戒《じかい》を説き、生天《しょうてん》の法を説き、欲楽のわざわいを説き、出離《しゅつり》の功徳《くどく》を説き、やがて彼にやわらぎの心生じ、世をいとう心生じ、法をよろこぶ心の生じたる時、世尊はさらに、彼のために、本真の法を説いた。すなわち、苦の真理、苦の集《じっ》起《き》の真理、苦の滅尽《めつじん》の真理、苦の滅尽への道の真理が、それであった。若者の心は、その清きこと白き布のごとく、たちまち正しい法の色を受けて、その座において、汚れなき真理への眼を開くことができた。

三

まもなく、ヤサの家出したことを知った長者は、使いを馬に乗せて四方につかわし、自らもまたヤサをたずねて、鹿野苑にいたり、黄金の履の跡をみつけた。世尊は、はるかに長者の来るを見て、神《じん》通《づう》をもってヤサを隠した。長者は、履の跡をたどり、世尊のいます処にいたって、「わが子ヤサを見なかったであろうか。」と問うた。世尊は「長者よ、ここに坐るがよい。坐ればあるいは、なんじの子を見ることもあろう。」と言った。彼は喜んで、世尊を拝して坐した。

そこで世尊は、彼のために、次第をおうて法を説いた。布施を説き、持戒を説き、生天の法を説き、欲愛のわざわいを説き、出離の功徳を説いた。そして、やがて彼にやわらぎの心生じ、世をいとう心生じ、法をよろこぶ心の生ずるを見て、世尊はさらに彼のために、本真の法を説いた。長者の心もまた、その清らかなること白き布のごとく、たちまち正しき法の色を受けて、その座において、汚れなき真理への眼を開くことを得た。

そこで長者は、すでに汚れなき真理への眼を得、世尊の教えを措《お》きて他に依るところはなしと思い、世尊に白《もう》して言った。「妙《たえ》なるかな、世尊、たとえば倒れたるを起こすがごとく、覆《おお》われたるを露《あら》わすがごとく、迷える者に道を教えるがごとく、暗闇《くらやみ》の中に燈火《ともしび》をもたらして、眼ある者は見よというがごとく、かくのごとく世尊は、さまざまの方便をもって真理を顕《あら》わし示したもうた。わたしはここに、世尊と法と比丘衆《びくしゅ》とに帰依したてまつる。世尊よ、願わくは、わたしを在家《ざいけ》の信者として容《い》れたまえ。今日から命終わるまで、帰依いたします。」彼は、この世間において、初めて三帰依をとなえた在家信者であった。

四

その時、世尊は神通を解き、長者はわが子を見た。彼は言った。「ヤサよ、なんじの母は悲しみで一ぱいである。」ヤサは言うべき言葉を知らず、ただ世尊の面《おもて》を見つめていた。すると世尊は長者に言った。「長者よ、なんじはいかに思うか。ヤサはすでに真理への眼を得て、心に執著《しゅうじゃく》なく、煩悩を解脱した。彼は、もう一度家に帰って、もろもろの欲を享受すべきであろうか。」長者は答えて言った。「世尊よ、彼の心がすでに執著をすて、煩悩を解脱したということは彼のために幸いである。世尊よ、願わくは、わたしの招待を受けられ、彼を従えてご来訪くださるまいか。」世尊は、黙ってうなずいた。

朝はやく、世尊は下衣をつけ、衣鉢をもち、ヤサを従えて、長者の家にいたった。ヤサの母も妻も、世尊を拝して坐った。そこで世尊は、彼らのために、次第をおうて法を説いた。彼らもまた、その心清きこと白き布のごとく、たちまち正しき法の色を受けて、その座において、汚れなき真理への眼を得た。彼らは世尊に白《もう》して言った。「わたくしどもは、ここに、世尊と法と比丘衆とに帰依したてまつる。願わくは、わたくしどもを在家の信女《しんにょ》として容《い》れたまえ。今日よりはじめて命終わるまで、帰依いたします。」彼らは、この世間において、初めて三帰依をとなえた在家の信女であった。

五

ヤサに四人の友があった。彼らもまた長者または良家の子弟であって、その名をヴィマラ（離垢）、スバーフ（善臂）、プンナヂ（満勝）、ガヴァンパティ（牛王）といった。彼らは、ヤサが家を出でて出家の行者となったことを聞いて思った。「それは、つまらぬ法ではあるまい。それは、つまらぬ出家ではあるまい。」そこで彼らは、ヤサを訪れて、彼とともに世尊を拝した。「これら四人は、わたしの家にありしころの友人である。願わくは世尊、彼らのために法を説きたまえ。」世尊は彼らのために、次第をおうて法を説いた。彼らもまた、その心清きこと白き布のごとく、たちまち正しき法の色を受けて、汚れなき法への眼を開いた。

そこで彼らは、世尊の教えを措いてもはや他に依るところなしと信じ、世尊に白《もう》して言った。「願わくは、世尊のみもとにおいて修行することを許したまえ。」世尊は答えて言った。「来たれ、比丘たちよ。法は善く説かれた。来たって汚れない行を修し、苦の滅尽《めつじん》を得るがよい。」これが彼らの受戒であった。かくて、この世に、十一人の聖者があることとなった。

ヤサにまた五十人の友があった。彼らは、この国の良家の子弟であった。ヤサが家を出でて出家となったことを聞いて、彼らもまた思った。「それは、つまらぬ法ではあるまい。それは、つまらぬ出家ではあるまい。」そこで彼らも、ヤサを訪れて、彼とともに世尊を拝した。「これら五十人は、わたしの在家の友である。願わくは世尊、彼らのために法を説きたまえ。」世尊は彼らのために、次第をおうて法を説いた。彼らもまた、その心清きこと白き布のごとく、たちまち法の色を受けて、汚れなき真理への眼を開いた。

そこで彼らは、世尊の教えを措いてもはや他に依るところはないと思い、世尊に白《もう》して言った。「世尊よ、願わくは、みもとにおいて修行することを許したまえ。」世尊は答えて言った。「来たれ、比丘たちよ。法は善く説かれた。来たって汚れなき行を修し、苦の滅尽を得るがよい。」これが彼らの受戒であった。かくて、この世に六十一人の聖者があることとなった。

第三章　伝道を命ずる

南伝　律蔵　大品　一
漢訳　四分律　三二

一

そのころ、比丘たちは、諸方諸国から、出家を希望する者を伴いきたり、世尊を拝して出家の許可を請うた。そのために、比丘たちも疲れ、出家を希望する者も疲れた。世尊は、ひとり静居し、聖なる沈黙の中にあって思った。「いま比丘たちは、諸方より出家の希望者をともない来たり、わたしに請うて戒を受けしめるが、そのために、比丘たちも、また出家希望の者も、疲労することが少なくない。わたしは当然、比丘たちが自ら出家をゆるし、戒を授けることを許可すべきである。」

やがて世尊は、比丘たちを集め、法を説いたのち、彼らに告げて言った。

「比丘たちよ、わたしはいま、ひとり静かにいて、心に思った。なんじらは、諸方から出家希望の者をつれ来たって、わたしに戒を授けさせる。そのために、なんじらも疲れ、出家の希望者も疲れる。わたしはむしろ、なんじらに戒を授けることを許し、なんじらを諸国につかわしたい。比丘たちよ、出家せしめ、戒を授けるには、かようにするがよい。はじめにひげや髪をそり、袈裟衣《けさえ》をつけ、上衣を一方の肩にかけ、なんじらの足を礼し、蹲《うずくま》って合掌し、かように唱えしめるがよい。

――仏に帰依したてまつる。法に帰依したてまつる。僧に帰依したてまつる。――二たび、三たび、かように唱えしめるがよい。比丘たちよ、わたしは、この三帰依によって、出家せしめ受戒せしめることを許したい。」

かくて世尊は、比丘たちを国々につかわさんとして、かように宣《の》べ教えた。

「比丘たちよ、わたしは一切のきずなを脱し、なんじらも一切のきずなを脱した。比丘たちよ、いまや、多くの人々の利益と幸福のために、世間を憐《あわ》れみ、その利益と幸福のために、諸国をめぐりあるくがよい。一つ道を二人して行かぬがよい。比丘たちよ、初めも善く、中も善く、終りも善く、義理と表現との兼ね具わった法を説くがよい。すべて円満にして清浄なる修行を教えるがよい。汚れの少ない生をうけていても、法を聞かざるが故に滅びゆく人々がある。彼らは、法を聞かば信じ受けるであろう。比丘たちよ、わたしもまた、法を宣《の》べ伝えんがために、これよりウルヴェーラ（優留毘羅）のセナーニガーマ（将軍村）に行こうと思う。」

二

その時、ひとりの悪魔が、世尊の前にあらわれて、つぎのような偈をもって、世尊に語りかけた。

「なんじは、天界と人界《にん》との、
悪魔のきずなにかかった。
大なる縛《いましめ》にとらわれた。
沙門《しゃもん》よ、なんじは未《いま》だ免れはせぬ。」

それに対して、世尊もまた、偈をもって、かように答えた。

「われは天界と人界との、
悪魔のきずなより脱《のが》れた。
大なる縛より免れた。
悪魔よ、なんじは敗れたのである。」

それを聞いて、悪魔は、「世尊はわたしを知っている」と嘆いて、すがたを没した。

第四章　自己をたずねる

南伝　律蔵　大品　一
漢訳　四分律　三二

それから世尊は、しばしの間、バーラーナシーにあったのち、ウルヴェーラに向かって出発した。その途中、世尊は、道をはなれた森に立寄り、一本の樹の下に坐した。

その時、三十人の若者たちが、妻をつれて、この森に遊んでいた。その中の一人は、まだ妻がなく、遊び女《め》を伴っていた。しかるに、彼らがわれを忘れて遊んでいる間に、遊び女は、彼らの財物を盗《と》って逃げた。彼らは、それを知っておどろき、遊び女を探して森の中を徘徊《はいかい》したが、一樹の下に世尊の坐しているのを見て、近づいて尋ねた。「世尊よ、一人の女を見なかったか。」世尊は言った。「なんじらは、女をさがして何としようとするのであるか。」彼らは、財物を盗って逃げた女をさがしている由《よし》を語った。

世尊は、彼らに言った。「なんじらは、いかに思うか。女をたずねると、己れをたずねると、いずれが大事であるか。」彼らは言った。「それは、己れをたずねることが大事である。」世尊は言った。

「なんじら、しからば、ここに坐するがよい。わたしは、なんじらのために法を説くであろう。」彼らは、世尊を拝して、そこに坐した。

世尊は、彼らのために、次第をおうて法を説いた。彼らもまた、その心は白き布のごとく、たちまち正しき法の色を受けて、汚れなき真理への眼を生じた。かくて彼らは、世尊の教えを措いてまた他に依るべきところはないと思い、世尊に白《もう》して言った。「われら願わくは、世尊のみもとにおいて修行することを許したまえ。」世尊は言った。「来たれ比丘たちよ、法はよく説かれた。来たって、きよき修行をなし、苦の滅を得るがよい。」これが彼らの受戒であった。

第五章　外道の帰依

南伝　律蔵　大品　一
漢訳　四分律　三二

世尊は、しだいに諸国をめぐって、ウルヴェーラに到った。そのころウルヴェーラには、カッサパ（迦葉《かしょう》）の名をもった三人の螺髪《らほつ》せる行者があった。一人はウルヴェーラ・カッサパといい、五百人の行者を率いていた。一人はナディー・カッサパといい、三百人の行者をみちびいていた。一人はガヤー・カッサパといい、二百人の行者を従えていた。

世尊は、ウルヴェーラ・カッサパの庵《いおり》をたずねて言った。「カッサパよ、さしつかえなくば、なんじの火堂《かどう》に一夜を宿らしめよ。」彼は言った。「さしつかえはない。だが、かしこには猛悪な青龍がおる。なんじを害せんことを恐れる。」世尊は言った。「龍はわたしを害することはないであろう。」彼は言った。「では、意のままに住するがよい。」

かくて世尊は、火堂に入り、草を敷具《しとね》として坐した。龍は怒って、煙を吐き、火焔を吐いた。火堂に焔のみちるを見て、行者たちは「端正なる沙門も、ついに龍のために害せられたか。」と言った。だが世尊は、神通力をもってよく龍の威力をくじき、翌朝、龍蛇を鉢に入れてカッサパに示した。「これがなんじの龍である。」彼は世尊の大なる神通の力におどろいたが、なお「かの沙門は、まだわたしには及ばぬ」と思った。

世尊は、なおウルヴェーラ・カッサパの庵に近い森にとどまり、彼のために、種々の神変《じんぺん》を現わした。ある時には、天の神々が、法を聞くために世尊のいます処にいたり、そのために、深夜の森は光りかがやいた。ある時は、世尊はカッサパのひそかに思念するところを指摘して、彼をおどろかせた。またある時は、世尊の神通によって、彼らは火を燃やすことができなかった。また、火を消すことができなかった。

だが、カッサパは、ふかく世尊の威力を感じながらも、なお心かたくなに「かの沙門《しゃもん》はまだわたしには及ばぬ」と思っていた。そこで世尊はついに彼を叱陀《しった》して言った。「カッサパよ、なんじはいまだ聖者にあらず。なんじはいまだ聖者の道を知らず。」これによって、彼の心はにわかに開け、彼は世尊の足を礼して白《もう》して言った。「われ願わくは、世尊のみもとにおいて出家し、修行することを許したまえ。」

世尊は言った。「カッサパよ、なんじは五百人の行者の上首《じょうしゅ》である。彼らに告げて彼らをその思うところのままに為《な》さしめるがよい。」そこで彼は、彼らのところに到り、告げて言った。「わたしは、かの沙門のもとにおいて修行したいと思う。なんじらは、思うようにするがよい。」彼らは言った。「わたしたちもすでに、かの沙門を信じている。師がもし、かの沙門のもとにおいて修行するといわば、わたしたちもまた、かの沙門のもとにおいて修行したいと思う。」

そこで彼らは、その持てる事火《じか》の道具などを水に流し、世尊のいます処にいたり、世尊を拝して言った。「われら願わくは、世尊のみもとにおいて、出家し修行することを許したまえ。」世尊は言った。「来たれ比丘たちよ、法は善く説かれた。来たって、きよき修行をおこない、苦の滅を得るがよい。」これが彼らの受戒であった。

ナディー・カッサパは、事火の具が水にただよい流れてくるのを見て、あやしみ、かつ念じた。「願わくは、わが兄に災いなかれ。」そして、まず弟子をつかわし、やがて自らも三百人の弟子を率いていたり、問うて言った。「なんじは、これが勝《すぐ》れた道であるとするのか。」彼は答えて言った。「しかり、これこそ勝れた道である。」そこでナディー・カッサパらもまた、事火の道具を水に流して、世尊に従った。

ガヤー・カッサパも、事火の具が水にただよい流れるのを見て、あやしんで思った。「願わくは、わが兄たちに災いなかれ。」そして、まず弟子をつかわし、やがて自らもまた二百人の弟子を率いていたり、ウルヴェーラ・カッサパに問うて言った。「なんじは、これを勝れた道であるとするか。」彼は答えて言った。「しかり。これこそ勝れた道である。」かくて、ガヤー・カッサパらもまた、事火の道具を水に投じ、世尊を拝して、世尊に従うものとなった。

第六章　一切は燃える

南伝　相応部経典　三五、二八　燃焼
漢訳　雑阿含経　八、一　燃焼

世尊は、なおしばし、ウルヴェーラにとどまってのち、新しい比丘千人を率いてガヤーシーサ（象頭山）にのぼった。山上において、世尊は彼らに告げて言った。

「比丘たちよ、一切は燃えている。熾然《しねん》として燃えている。なんじらは、このことを知らねばならぬ。比丘たちよ、一切が燃えるとは、いかなることであろうか。比丘たちよ、眼は燃え、眼の対象は燃えている。耳は燃え、耳の対象は燃えている。鼻は燃え、鼻の対象も燃えている。舌は燃え、舌の対象も燃えている。身は燃え、身の対象も燃えている。意もまた燃え、意の対象もまた燃えているのである。それらは何によって燃えるのであろうか。それは、貪欲《むさぼり》の火によって燃え、瞋恚《いかり》の火によって燃え、愚痴《おろかさ》の火によって燃え、生・老・病・死の焔となって燃え、愁《うれい》・苦《くるしみ》・悩《なやみ》・悶《もだえ》の焔となって燃えるのである。

比丘たちよ、かように観ずるものは、よろしく、一切において厭《いと》いの心を生ぜねばならぬ。眼において厭い、耳において厭い、鼻において厭い、舌において厭い、身において厭い、意においてもまた厭わねばならぬ。一切において厭いの心を生ずれば、すなわち貪りの心を離れる。貪りの心を離るれば、すなわち解脱することを得るのである。」

かように世尊が説きたもうた時、かの千人の比丘たちは、心たちまちに執着を離れて、煩悩を解脱することを得た。

第七章　マガダ王の帰依

南伝　律蔵　大品　一
漢訳　四分律　三二

世尊は、しばし、ガヤーシーサにとどまりし後、比丘たちをつれて、ラージャガハ（王舎城）に向かい、その郊外のスッパティッタ廟《びょう》にいたった。ラージャガハの町々では、世尊のうわさが高かった。「沙門ゴータマはサーキャ族の子。出家していまこの都の郊外におられる。名声すこぶる高く、世の供養に相応する者、最高の覚りを得たる者、人天《にんでん》の師たるべき者、世に尊重すべき者と称せられる。その説くところの法は、初めも善く、中も善く、終りも善く、義理と表現とを兼ね備えて、円満にして清浄《しょうじょう》なる梵行《ぼんぎょう》を語るという。かような聖者を見るものは幸いである。」

マガダ（摩掲陀）国の王ビンビサーラは、うわさを聞いて、世尊を訪れた。世尊は、王のために、次第をおうて法を説いた。布施を説き、持戒を説き、生天の法を説き、欲楽のわざわいを説き、出離の功徳を説き、やがて王にやわらぎの心生じ、世を厭う心生じ、法をよろこぶ心生じたる時、さらに世尊は本真の法を説いた。すなわち苦・集・滅・道の四つの真理が、それであった。王もまたその心清きこと白き布のごとく、たちまち正しき法の色を受けて、その座において、汚れなき真理への眼を得た。

かくてビンビサーラ王は、世尊の法において信を確立し、世尊に申して言った。

「わたしは太子であったころ、五つの所願《ねがい》があったが、いまわたしは、それを成就することができた。第一には、願わくは灌頂《かんじょう》を受けて王たることを得るようにと願ったが、わたしはいま、それを成就した。第二には、願わくはわが領国に最高の覚者の来たらんことをと願ったが、わたしはいま、それを成就した。第三には、われ願わくは世の尊重する者に承事《しょうじ》せんことをと願ったが、わたしはいま、それも成就することを得た。第四には、願わくは世の尊重する者が、わがために法を説きたまわんことをと願ったが、わたしはいま、それも成就することを得た。第五には、願わくはわれ世の尊重する者の法を悟ることを得たしと願ったが、いまわたしは、そのことを成就することを得た。わたしの五つの所願は、いま世尊によりて、ことごとく成就することができたのである。まことに世尊は、覆われたるを露わすがごとく、暗闇の中に光をもたらして、眼ある者は見よというがごとくに、わたしのために法を顕わし示された。わたしはここに、世尊と法と比丘衆とに帰依したてまつる。世尊よ願わくは、わたしを在家の信者として容《い》れたまえ。なお願わくは、世尊よ、わが請待《しょうたい》を受けて、明日、比丘衆とともに、来たって供養を受けたまわんことを。」

世尊は黙然として諾《だく》した。

翌早朝、王は、さまざまの食をととのえ、使者をして世尊を迎えしめた。世尊は、鉢衣を持ち、多くの比丘衆を率いて、王の城に入った。もうけの席につくと、王は手ずから、世尊ならびに比丘衆に給仕した。食事がおわったとき、王は心の中で考えた。「世尊の住したもう処は、いずこがよいであろうか。町から遠からず近からず、往来に便であって、すべて法を求める人々が行きやすいということも必要である。しかも、昼は雑沓《ざっとう》なく夜は噪音《そうおん》なく、閑居して静思するにふさわしい処でなくてはならぬ。」かように考えているうちに、王は、竹林園がその条件を満たすものであることに思いいたった。王は水瓶をとって、世尊の手に水をそそぎながら言った。

「わたしは、世尊を上首とする比丘衆に、竹林園を寄進申したい。願わくは受納したまえ。」

世尊は園を受け、さらに法を説いて、終わって去った。

第八章　舎利弗と目犍連

南伝　律蔵　大品　一

漢訳　四分律　三三

一

その頃、ラージャガハ（王舎城）にサンジャヤ（刪若）という修行者があった。弟子二百五十人を従えていた。その中に、サーリプッタ（舎利弗）、モッガラーナ（目犍連）という二人があった。二人は親しき友情をもって相交わり、互いに「もし先に不死の道を得た者は、かならずこれを教えよう。」と約していた。

世尊の弟子アッサジ（阿説示）は、朝早く、下衣をつけ、鉢衣を持し、ラージャガハの街に入って行乞《ぎょうこつ》した。その態度はうるわしく、威儀にかなっていた。サーリプッタは彼のすがたを見て、「もし、この世にまことの聖者なるものがあらば、この人はその弟子中の一人に相違ないであろう。そうだ。わたしはこの人に、誰を師とするものであるか、問うてみよう。」と思った。だが、彼はいま行乞している。いまは問うべき時ではない。そこでサーリプッタは、静かに彼のうしろについて行った。

やがて彼は、行乞を終わり、帰路について、町を離れた。その時、サーリプッタは、彼を呼びとめ、会釈《えしゃく》して、問うて言った。「あなたは、顔貌《かお》まことに浄《きよ》らかに、顔色かがやいている。あなたは、誰に依って出家したのであるか。誰を師となすのであるか。誰の教えを信じているのであるか。」アッサジは答えて言った。「サーキャ族より出でて出家した偉大な沙門がおられる。わたしはこの世尊によって出家し、この世尊を師とし、この世尊の教えを信ずるものである。」サーリプッタは、また問うて言った。「あなたの師は、いかなる説を有し、何を説かれるか。」アッサジは言った。「わたしは、出家してまだ日浅く、新参であるから、その教えを深く説くことはできない。また、かいつまんでその要領を述べることもできない。」だが、サーリプッタは、たとえ要領をつくさずとも、多少なりとも、その教えについて語らんことを求めた。そこで彼は、つぎのように、世尊の教えを語った。

「もろもろの法は因《いん》によって生ずる。

如来《にょらい》はその因を説きたもう。

もろもろの法の滅《めっ》についても、
如来はそのように説きたもう。」

この説明によって、サーリプッタは、即座に、汚れなき真理を見る眼を得た。そして言った。

「生ずるものは、みなかならず滅する。もし、これだけとしても、これはなお正しい教えである。あなたがたは、すでに愁《うれ》いなき境地を覚っているのである。まことに未曾有《みぞう》のことである。」

二

モッガラーナは、サーリプッタの帰って来るを見た。その顔貌《かお》は晴れやかに、顔色はかがやいて見えた。「なんじは、不死の道を得たのか。」「そうだ。わたしは不死を得た。」「いかにして得たか。」そこでサーリプッタは、つぶさに今日のことを語った。世尊の弟子アッサジを見たこと、彼にその師と教えとを聞いたこと、そして、彼がかくかくのごとく教えについて語ったことなどを。それを聞いて、モッガラーナもまた、その場において、汚れなき真理を見る眼を得た。

その時、モッガラーナはサーリプッタに言った。「われらは、世尊のもとに行き、世尊を師としよう。」サーリプッタは言った。「よろしい。だが、ここにいる二百五十人のものは、むしろ、われら二人を信頼して、ここにとどまっている。わたしどもはまず、彼らにこの由を告げ、彼らをしてその思うところにしたがって自由にするように、伝えねばならぬ。」そこで二人は、彼らのところに行き、告げて言った。「わたしどもは、世尊のもとに行き、世尊を師としようと思う。」彼らは、それを聞いて言った。「われわれは、むしろ、あなたがた二人を信頼してここにいるのである。もし二人が世尊のもとに行くのであらば、われわれもまた、世尊のもとに行って修行したい。」

二人はさらに、サンジャヤのもとに行って言った。「わたしどもは、世尊のもとに行き、世尊を師としたいと思う。」サンジャヤは言った。「それはいけない。行くのはやめるがよい。むしろ、わたしども三人で、この修行者たちを統御しようではないか。」二人は、二たび、また三たび述べた。サンジャヤは二たび、とどめ、また三たび、とめた。だが、二人は、二百五十人の修行者とともに、竹林園に向かった。

世尊は、二人の来るのを望見して、比丘たちに言った。

「見よ、かしこに二人の友がくる。彼らはやがて、わが教えによって修行する者の中にあって、一双の上座となるであろう。」

これは二人に対する世尊の予言であった。やがて彼らは、世尊のいますところに到り、世尊の足を拝し、申して言った。「われら願わくは、世尊のみもとにおいて出家し、戒を受けんことを。」世尊は言った。「来たれ比丘たちよ。法は善く説かれてある。来たって浄き修行をなし、苦の滅を得るがよい。」それが彼らの受戒であった。

第九章　真理に来るもの

南伝　律蔵　大品　一
漢訳　四分律　三三

そのころ、マガダ（摩掲陀）の国の良家の子弟が、あいついで世尊のもとに行き、出家の行者となった。それを見て、人々はつぶやき、あるいはいきどおった。「沙門ゴータマは、子をうばい、夫をうばい、名家を断絶せしめんとする。」そして、比丘たちが街に行乞すると、難じて言った。

「マガダの国の山の都（王舎城）に、
大いなる沙門があらわれた。
サンジャヤの徒を誘《いざな》い入れて、
つぎには、誰を誘わんとするか。」

比丘たちは、人々の呟《つぶや》き難ずるを聞いて、帰って世尊に告げた。世尊は彼らに教えて言った。
「かような声は、長くはつづかない。七日すぎれば消えるであろう。もし、なんじらを難ずるものがあったならば、偈をもって、かように答えるがよい。

如来は真理をもって誘いたもう。

真理に来るものを嫉《ねた》むは誰であるか。」

比丘たちは、街に行乞して難ずるものがあると、教えられたとおりに答えた。人々はやがて、世尊が、法をもって誘引《ゆういん》し、非法をもって誘引するものでないことを理解した。そして、七日の後には、もはや非難する声はなかった。

第十章　精舎寄進

南伝　律蔵　小品　臥坐具犍度
漢訳　四分律　五〇　房舎犍度

一

その頃、世尊は竹林園にとどまっていた。世尊はまだ、比丘たちのために、坐臥《ざが》のところに関する規定を定めていなかった。比丘たちは、空地に、樹下に、洞窟《どうくつ》に、森に、藁堆《わらづみ》に住し、早朝に起きて、威儀をただしていた。

そのころ、ラージャガハ（王舎城）に一人の長者があった。早朝に竹林園に赴き、比丘たちの威儀とととのっている様を見て、心に清浄を感じ、歓喜を感じて、問うて言った。「もしわたしが精舎《しょうじゃ》を造ったならば、住んでいただけるであろうか。」比丘たちは答えて言った。「居士《こじ》よ、世尊は精舎を許しておられない。」長者は、では、世尊に尋ねていただきたいと請うた。

比丘たちは、世尊のもとに行きて、白《もう》して言った。「世尊よ、ラージャガハの一人の長者がまいって、精舎を造りたいと申しているが、いかにすべきであろうか。」世尊は、その縁《ゆかり》によって法を説き、そして「比丘たちよ、五種の房舎をゆるす。」と言った。

まもなくして、長者は六十の精舎を建てた。建ておわって、彼は、世尊のもとにいたり、世尊を拝して言った。「世尊よ、願わくは、明日、比丘衆とともに、わが供養を受けたまわんことを。」世尊は、黙然として応諾した。

翌朝はやく、長者は、供養の食をととのえ、使者をもって、世尊を請待《しょうたい》した。世尊は比丘たちとともに、長者の家にいたり、供養を受けた。おわって、長者は世尊に白《もう》して言った。「世尊よ、わたしは福業《ふくごう》をねがい、生天《しょうてん》をねがい、ここに精舎を営んだ。わたしは、この精舎をどのようにすればよいであろうか。」世尊は言った。「居士よ、当来四方の僧伽《サンガ》に献ずるがよい。」すなわち長者は、精舎を僧伽に奉った。

二

その頃、サーヴァッティー（舎衛城）の町に、給孤独《ぎっこどく》という長者があった。ラージャガハの、かの長者の妹婿であった。所用があって、ラージャガハに行き、かの長者の家を訪れると、かの長者は、召使たちを指揮して、たいへん忙しげである。やがて相向かって、給孤独は問うて言った。「兄弟よ、あなたはこれまで、私が訪れると、すべてを捨てて、ただ歓談したのに、今日は、召使を指図して、まことに忙しげである。一体これは、嫁でも迎えようとするのか、王でも招待するというのか。」かの長者は答えて言った。「いや、嫁を迎えるのでも、王さまを招くのでもない。わたしは明日、仏陀《ぶっだ》とその弟子衆を請《しょう》ずるのである。」給孤独は、面《おもて》をあらためて言った。「兄弟よ、あなたはいま、仏陀といわれたか。」「そうである。」「兄弟よ、仏陀とは、その名さえも聞くことは難《かた》い。いま、さような尊き聖者があられるなら、私も行って拝したい。」かの長者は、うなずいて言った。「だが、いまは仏陀を拝する時でない。明朝、行かれるがよい。」その夜、彼は、仏陀を拝せん思いにかられて、三たび、はや暁《あかつき》かと思うて眼を覚ました。

翌朝はやく、給孤独は、ラージャガハの都門をでて、竹林園に向かった。すると、突如として、天地晦冥《かいめい》となり、彼は心憶《おく》して帰ろうとした。その時、「居士よ、進め。進まば利益あり。退くことなかれ。」と空の方に声があった。彼は、それに心励まされ、進みゆくうちに、天地はまた元のごとく、光に充ちた。

世尊は、晨朝《しんちょう》に起きて、遊歩していたが、はるかに彼の来るを見て、呼んで言った。「来たれ、スダッタ（須達多。給孤独の本名）よ。」彼は、名を呼ばれて、心いたく喜び、世尊に近づき、その足を拝して、白《もう》して言った。「世尊よ、昨夜は安らかに眠られたもうたか。」世尊は偈をもって、かように答えた。

「貪《むさぼ》りをはなれ、清らかにして、心けがれなければ、
さとりに入れる者は、いずこにありても、安らかに眠る。
すべての執着をたち、悩みを調伏《ちょうぶく》したれば、
心は静寂に入りて、しずけくも、また安らけく眠るなり。」

それから世尊は、彼のために、次第をおうて法を説いた。布施を説き、持戒を説き、生天の法を説き、欲楽のわざわいを説き、出離の功徳を説き、やがて彼のうちに和《やわ》らぎの心生じ、世をいとう心生じ、正しき法をよろこぶ心の生ずるを見て、さらに本真の法を説いた。すなわち苦《く》・集《じゅ》・滅《めつ》・道《どう》の四つの真理がそれであった。彼の心は、白き布のごとく清らかであったので、たちまち正しき法の色をうけて、その座において、汚れなき真理を見る眼を得ることができた。

かくて彼は、世尊の法において信を確立し、世尊の教えを措いてもはや他に依るところなしと思い、白《もう》して言った。「妙《たえ》なるかな、世尊。たとえば、倒れたるを起こすがごとく、覆われたるを露わすがごとく、迷える者に道を教えるがごとく、闇黒《くらやみ》の中に燈《ともしび》火をかかげて、眼ある者は見よというがごとく、かくのごとく世尊は、さまざまの方便をもって、法を顕わし示したもうた。わたしはここに、世尊と法と比丘衆とに帰依したてまつる。世尊よ、願わくは、わたしを在家の信者として容れたまえ。わたしは、今日よりはじめて、命終わるまで、帰依いたします。なお願わくは、世尊よ、わが請待をうけ、明日、比丘衆とともに、供養を受けたまえ。」世尊は、黙然として承諾せられた。

ラージャガハのかの長者は、給孤独が世尊とその比丘衆を請ずると聞いて、彼に言った。「なんじは明日、仏陀とその僧伽とを招待するということであるが、しかし、なんじはわたしの客人である。わたしが費用を出そう。」だが、彼はかの長者の好意を辞した。「わたしにも資金の用意がある。それで供養の食事をつくらせたい。」そして彼は、長者の家で、供養の用意をととのえ、世尊とその比丘衆を招待した。食事が終わった時、彼は白《もう》して言った。「世尊よ、願わくは、今年の雨期の安居《あんご》を、比丘衆とともに、わがサーヴァッティーにおいて過したまわんことを。」世尊は言った。「承った。よく承った。」そして世尊は、さらに彼のために法を説き、終わって辞した。

三

給孤独は、多くの知己、友人を有し、信用が厚かった。彼はラージャガハにて所用を終え、サーヴァッティーに帰る道すがら、人々に言った。「僧園をつくれ。精舎を建てよ。布施を用意せよ。仏陀はこの世に現われたもうた。いま、わが請《こ》いを容《い》れて、この道を来たりたもう。」それを聞いて、人々は、あるいは僧園をつくり、あるいは精舎を建て、あるいは布施を用意した。

サーヴァッティーに帰ると、彼は、郊外を巡視して、精舎を建つべき土地を物色した。彼は心に思った。「世尊の住したもう処は、町より遠からず近からず、往来に便にして、すべて法を求める人が行きやすく、しかも、昼は雑沓《ざっとう》なく、夜は噪音《そうおん》なく、閑居して静思するにふさわしい処でなくてはならぬ。」かように考えているとき、彼はふと、ジェータ（祇陀）王子の園林こそ、格好なものであることに思いついた。

彼は、王子を訪れて言った。「王子よ、わたしは僧園をつくりたいと思う。かの園林を譲っていただきたい。」だが王子は答えて言った。「長者よ、たとい、なんじが黄金をもって布《し》きめぐらすとも、かの園は譲れない。」「わたしは僧園として買いたい。」「売ることはできぬ。」かくて二人は、「買う。」「売らぬ。」とて言い争い、ついに事の裁きを大臣に問うた。大臣は言った。「王子はすでに価《あたい》を言った。黄金をもって布《し》きめぐらすと言った。されば、王子はすでに売ったのである。」かくして、長者は、黄金をもってその地を布きめぐらすことをもって、その園林を得ることとなった。

そこで彼は、黄金を車に載せて運ばせ、それを地面に布かせた。だが一度運んだ黄金で布きめぐらした土地は、なおあまり広くはなかった。彼はまた命じて言った。「行きて、さらに黄金を運び来たれ。わたしは、この土地をことごとく布き繞《めぐ》らさねばならぬ。」ジェータ王子はそれを聞いて、これは尋常《ただ》ごとではないと思ったので、長者に言った。「長者よ、願わくは、わたしにも一部を残せ。わたしも布施しよう。」彼は、この王子の高い名声を思い、この王子が世尊の法において信を生じたならば、まことに幸いであると思った。そして、一部の土地を王子のために残した。

やがて、彼はここに、精舎を建て、門屋をたて、勤行堂《ごんぎょう》を造り、大堂を造り、厨房《くりや》、厠屋《かわや》、浴室、阿屋《あずまや》、経行堂《きょうぎょう》をつくり、また井戸や池を掘った。かの王子もまた、残された土地に門を建てた。

四

世尊は、なおしばらく、ラージャガハにとどまった後、遊行してヴェサーリー（毘舎離）に赴き、マハーヴァナ（大林）の重閣講堂に入った。人々は、給孤独長者の勧めにより、精舎を造営していた。比丘たちは請ぜられて、造営の監督にあたり、厚いもてなしを受けた。

時に、一人の貧しい裁縫師があった。彼もまた、人々が精舎を造営するのを見て、「これは尋常《ただ》ごとではない。わたしも造ろう。」とて、自分で泥をこね、それを積んで壁をきずいた。しかし彼は、かような仕事になれていなかったために、築いた壁は、歪《ゆが》んで倒れてしまった。二たび、三たび試みたが、また倒れた。そこで彼は、呟《つぶや》いて言った。「かの比丘たちは、厚くもてなす者には、造営の監督をするが、わたしは貧しいから、顧みてくれない。」比丘たちはそれを聞いて、世尊に告げた。世尊は、この縁《ゆかり》によって教えを説き、かつ言った。「比丘たちよ、これより後は、造営の監督を定めるがよい。監督にあたる比丘は、勤勉事《こと》に当たって、速やかに成就せしめねばならぬ。監督の比丘を選ぶには、まず当人の承諾を得、さらに長老によって、僧伽の承認を受けねばならぬ。」

五

世尊は、しばらくヴェサーリーにとどまった後、また、サーヴァッティーに向かって旅を続けた。その途中に一つの精舎があった。一部の比丘たちは、急いでその精舎にいたり、室を占めてしまったので、遅れて着いたサーリプッタ（舎利弗）は、臥処《ふしど》を得られず、一樹の下に坐していた。世尊が朝はやく起きて、咳《せき》払いをすると、彼も咳払いをした。「そこにいるのは誰であるか。」「世尊よ、サーリプッタであります。」「サーリプッタか、なんじは何故にそこに坐しているか。」問われて彼は、世尊に、そのわけを語った。

世尊は、比丘たちを集めて、問うて言った。「比丘たちよ、第一の座、第一の水、第一の食を受くべき者は、誰であろうか。」比丘たちは、思い思いに、その考えるところを答えた。あるものは、刹帝利種《クシャトリア》（武人の階級）から出家した者がそれであると言った。ある者は、婆羅門種《バラモン》（僧侶の階級）から出家した者がそれであると言った。またある者は、戒律を持すること堅固なる者がそれであるとなし、ある者は、説法においてすぐれたる者がそれであると言い、ある者は、神通力を有する者がそれであると答えた。すると世尊は、比丘たちのために、説いて言った。

「むかし、ヒマラヤの麓《ふもと》に、たいへん大きな樹があった。その下に、しゃこと猿と象とが住んでいた。たがいに敬わず、愛せず、いつも争いの絶間がなかった。だが、ある時、彼らは考えた。『これではいけない。わたしたちは、わたしたちの中の年長者をしらべて、それを尊び敬って、和合してゆくことにしよう。』そこで、しゃこと猿とが象に問うて言った。『おまえは、どういう過去のことを記憶しているか。』象は言った。『わたしが幼かったとき、この樹をまたいだことがあったが、その時、頂きの芽がわたしの腹にふれたことをおぼえている。』すると、猿は言った。『わたしは、幼かったとき、地面に坐っていて、てっぺんの芽を喰べたことがある。』こんどは、しゃこが言った。『わたしが幼かった時、ここに大きな樹があった。わたしは、その果《み》をついばんで、ここに糞をしたが、それから芽を出したのが、すなわちこの樹であった。』そこで彼らは、それではしゃこが一ばんの年長であると決めて、彼を敬い愛して、和合して住むようになったという。

比丘たちよ。畜生らも、かように、たがいに敬愛し和合してゆくのに、ましてなんじらは、正しき法によって出家したものであるから、当然、たがいに敬愛し和合してゆかねばならない。もし然らざれば、信なきものに信あらしめることもできず、信あるものに信を増長せしめることもできぬであろう。」

そして世尊は、比丘たちのために、長幼にしたがって、礼拝、跪坐《きざ》、合掌等の作法をなすべきことを定め、また第一の坐、第一の水、第一の食を受くべき序を定めた。

六

世尊は、旅に旅をかさねて、ついにサーヴァッティーにいたり、ジェータ林の精舎（祇園精舎）に入った。給孤独長者は、世尊を拝して言った。「世尊よ、よくこそおいで下さいました。願わくは、明日、比丘衆とともに、わたしの供養をお受け下さい。」世尊は、黙して承諾した。

翌朝、世尊は、比丘たちとともに、長者の家にいたり、供養を受けた。彼は、世尊に白《もう》して言った。「世尊よ、わたしはこの精舎を、どのようにすればよいであろうか。」世尊は答えて言った。「居士よ、では、当来四方の僧伽《そうぎゃ》に献ずるがよい。」すなわち彼は、精舎を僧伽に奉った。

その時、世尊は、偈をもって、彼に対する謝意をのべた。

「林苑《りんえん》をほどこし、果樹をうえ、

橋を架《か》し、船をもて人を渡し
曠野《こうや》に泉や井戸をひらき、
あるいは、精舎を建立する。

かかる人々は、
さいわい日夜に加わり、
戒をたもち、法を楽しみ、
後生に善道を得るであろう。」

第三篇

根本説法

第一章　縁起説法

―何に縁りて―

南伝　相応部経典　一二、一〇　大釈迦牟尼瞿曇
漢訳　雑阿含経　一二、三　仏縛

かようにわたしは聞いた。

ある時、世尊はサーヴァッティー（舎衛城）の祇園精舎にましました。その時、世尊は比丘たちのために説いて言った。

「比丘たちよ、わたしはまだ正覚を成じなかった時、かように考えた――まことに、この世は苦の中にある。生まれ、老い、衰《おとろ》え、死し、また生まれ、しかも、この苦を出離することを知らず、この老死を出離することを知らない。まことに、いずれの時にか、これらの出離を知ることができようか。

比丘たちよ、その時、わたしは、かように考えた。――何があるが故に、老死があるのであろうか。何に縁《よ》って老死があるのであろうか。――比丘たちよ、その時、わたしは、正しい思惟と智恵

とをもって、かような悟得《さとり》をえた。——生があるが故に、老死がある。生に縁りて、老死がある。

比丘たちよ、その時、わたしはまた、かように考えた。——何があるが故に、生があるのであろうか。何に縁って生があるのであろうか。——比丘たちよ、その時わたしは、正しい思惟と智慧とをもって、かような解釈をなした。——有《う》があるが故に、生がある。有に縁って、生がある。

比丘たちよ、かようにして、無明《むみょう》に縁って行《ぎょう》があり、行に縁って識《しき》があり、識に縁って名色《みょうしき》があり、名色に縁って六処《ろくしょ》があり、六処によって触《そく》があり、触によって受《じゅ》があり、受によって愛があり、愛によって取《しゅ》があり、取によって有があり、有によって生《しょう》があり、生によって老死があり、愁・悲・苦・憂・悩が生ずるのである。これが、すべての苦しい人間存在の縁りてなるところである。

比丘たちよ、——これが、縁りてなるところである——と、未だ聞いたこともない真理において、わたしは、眼《まなこ》生じ、明《さとり》を生ずることを得た。

比丘たちよ、その時、わたしはまた、かように考えた。——何がなければ、老死がないであろうか。何を滅すれば、老死を滅することを得るであろうか。——比丘たちよ、その時わたしは、正しい思惟と智慧とをもって、かような解釈をなした。——生がなければ、老死はない。生を滅することによって、老死を滅することを得る。

比丘たちよ、その時、わたしはまた、かように考えた。——何がなければ、生がないであろうか。何を滅すれば、生を滅することができるであろうか。——比丘たちよ、その時わたしは、正しい思惟と智慧とをもって、かような解釈を得た。——有がなければ、生はない。有を滅することによって、生を滅することができる。

比丘たちよ、かようにして、無明の滅によって行の滅があり、行の滅によって識の滅があり、識の滅によって名色の滅があり、名色の滅によって六処の滅があり、六処の滅によって触の滅があり、触の滅によって受の滅があり、受の滅によって愛の滅があり、愛の滅によって取の滅があり、取の滅によって有の滅があり、有の滅によって生の滅があり、生の滅することによって、老死が滅し愁・悲・苦・憂・悩が滅するのである。これがすべての苦しい人間存在の滅する所以である。

比丘たちよ、――これで滅することを得る――と、未だ聞いたこともない真理において、わたしは、眼《まなこ》生じ、智を生じ、明《さとり》を生ずることを得た。

南伝　相応部経典　一二、六五　城邑
漢訳　雑阿含経　一二、五

―古　道―

「比丘たちよ、例えば、ここに人ありて、林の中をさまよい、ふと、古人のたどった古道を発見したとするがよい。その人は、その道にしたがい、進み行きて、古人の住んだ古城、園林があり、岸もうるわしい蓮池がある古城を発見したとするがよい。

比丘たちよ、その時、その人は、王または王の大臣に報告して言うであろう。――わたしは、林の中をさまよっている時、ふと古人のたどった古道を発見した。その道によって、進み行いて見ると、古人の住んだ古城がある。園林があり、岸もうるわしい蓮池がある古城である。願わくは、かしこに城邑《まち》を築かしめたまえ。

比丘たちよ、そこで、王または王の大臣が、そこに城邑をつくらせたところ、その城邑はさかえ、人あまた集まり来たって、殷盛《いんせい》を極めるにいたった。比丘たちよ、それと同じく、わたしは過去の正覚者のたどった古道、古径を発見したのである。

比丘たちよ、過去の諸仏のたどった古道とは何であろうか。それは、かの八正道のことである。すなわち、正見《しょうけん》・正思・正語・正業《ごう》・正命《みょう》・正精進・正念・正定《じょう》である。比丘たちよ、これが過去の諸仏のたどった古道であって、この道にしたがい行いて、わたしは、老死を知り、老死の縁って来たるところを知り、老死の滅を知り、老死の滅にいたる道を知ったのである。

比丘たちよ、わたしはまた、この道にしたがい往《ゆ》いて、生を知り、有を知り、取を知り、愛を知り・受を知り・触を知り・六処を知り・名色を知り・識を知り・行を知り、それらの縁りて成るところを知り、それらの縁りて滅する所以《ゆえん》を知り、その滅を実現せしむべき道を知ったのである。

比丘たちよ、わたしは、それらのことを知って、比丘、比丘尼、ならびに在家の信男信女に教えた。比丘たちよ、かようにして、この清浄の行はさかえ、増し広まって、多くの人々に知られるに至ったのである。」

――縁起・縁滅――

南伝　相応部経典　一二、一　法説
漢訳　雑阿含経　一二、一六

かようにわたしは聞いた。

ある時、世尊は、サーヴァッティー（舎衛城）の祇園精舎にましました。その時、世尊は、比丘たちを呼んで言った。「比丘たちよ、わたしはいま、なんじらに縁起を説こう。なんじらはそれをよく聞いて、思念するがよい。」比丘たちは「世尊よ、畏りました。」と答えた。世尊は、説いて言った。

「比丘たちよ、縁起とは何であろうか。比丘たちよ、無明に縁りて行があり、行に縁りて識があり、識によって名色があり、名色によって六処があり、六処によって触があり、触によって受があり、受によって愛があり、愛によって取があり、取によって有があり、有によって生があり、生によって老死があり、愁・悲・苦・憂・悩が生ずる。かかるものが、すべての苦しい人間存在の縁ってなるところである。比丘たちよ、これを縁によって生起するというのである。

比丘たちよ、無明を余すところなく滅することによって、行は滅する。行を滅することによって、識は滅する。識の滅することによって、名色は滅する。名色を滅することによって、六処は滅する。六処を滅することによって、触は滅する。触の滅することによって、受は滅する。受の滅することによって、愛は滅する。愛の滅することによって、取が滅する。取の滅することによって、有が滅する。有の滅することによって、生が滅する。生の滅することによって、生死が滅し、愁・悲・苦・憂・悩が滅する。かかるものが、すべての苦しい人間存在の滅である。」

比丘たちは、世尊の説くところを聞いて、みな歓び随った。

南伝　相応部経典　一二、二　分別
漢訳　雑阿含経　一二、一六

―分別縁起―

かようにわたしは聞いた。

ある時、世尊は、サーヴァッティー（舎衛城）の祇園精舎にましました。その時、世尊は、比丘たちに言った。「比丘たちよ、わたしはいま、汝らのために、縁起を分析して説こうと思う。汝らはそれをよく聞いて、思念するがよい。」比丘たちは「世尊よ、畏りました。」と答えた。世尊は、説いて言った。

「比丘たちよ、縁起とは何であろうか。比丘たちよ、無明に縁りて行があり、行によりて識があり、識によって名色があり、名色によって六処があり、六処によって触があり、触によって受があり、受によって愛があり、愛によって取があり、取によって有があり、有によって生があり、生によって老死があり、愁・悲・苦・憂・悩がある。かくのごときが、苦しい人間の全存在の縁ってなるところである。

比丘たちよ、老死とは何であろうか。生きとし生けるものが、老いおとろえ、髪しろく、皺《しわ》よりて、齢《よわい》かたむきたる、これを老というのである。また、生きとし生けるものの、いのち終わり、息たえ、身軀《しんく》やぶれ、遺骸《むくろ》となりて、棄てられたる、これを死というのである。かくのごとく、比丘たちよ、この老いと、この死を、老死というのである。

比丘たちよ、生とは何であろうか。生きとし生けるものが、生まれて、身体の各部あらわれ、その処を得たる、これを生というのである。

比丘たちよ、有《う》とは何であろうか。比丘たちよ、これに三つの有があり、欲界における生存と、色《しき》界における生存と、無色界における生存とがそれである。これを有というのである。

比丘たちよ、取とは何であろうか。比丘たちよ、これに四つの取があり、欲に対する執着、見《けん》に対する執着、戒に対する執着、我《が》に対する執着がそれである。これを取というのである。

比丘たちよ、愛とは何であろうか。比丘たちよ、これに六つの愛がある。色《しき》に対する渇愛《かつあい》、声に対する渇愛、香に対する渇愛、味に対する渇愛、触に対する渇愛、法に対する渇愛が、それである。これを愛というのである。

比丘たちよ、受とは何であろうか。比丘たちよ、これに六つの受がある。すなわち、眼の触によりて生ずる感覚、耳の触によりて生ずる感覚、鼻の触によりて生ずる感覚、舌の触によりて生ずる感覚、身の触によりて生ずる感覚、および意の触によりて生ずる感覚が、それである。これを受というのである。

比丘たちよ、触とは何であろうか。比丘たちよ、これに六つの触がある。すなわち、眼による接触、耳による接触、鼻による接触、舌による接触、身による接触、および意による接触がそれである。これを触というのである。

比丘たちよ、六処とは何であろうか。眼と、耳と、鼻と、舌と、身と、意とである。これを六処というのである。

比丘たちよ、名色とは何であろうか。受と、想と、思と、触と、作意《さい》と、これを名といい、地、水、火、風の四大《しだい》およびそれらによって成るもの、これを色《しき》という。かくのごとく、この名とこの色とを、名色というのである。

比丘たちよ、識《しき》とは何であろうか。比丘たちよ、これに六つの識がある。すなわち、眼の識と、耳の識と、鼻の識と、身の識と、および意の識とがそれである。これらを識というのである。

比丘たちよ、行とは何であろうか。比丘たちよ、これに三つの行がある。すなわち、身における行と、口における行と、心における行とが、それである。これらを行というのである。

比丘たちよ、無明《むみょう》とは何であろうか。比丘たちよ、苦における無知、苦の因における無知、苦の滅における無知、苦の滅にいたる道においての無知、それらを無明というのである。

比丘たちよ、かくのごとくにして、無明に縁りて行があり、行によりて識があり、識によりて名色があり、名色によりて六処があり、六処によりて触があり、触によって受があり、受によって愛があり、愛によって取があり、取によって有があり、有によって生があり、生によって老死があり、愁・悲・苦・憂・悩が生ずる。これが、すべての苦しい人間存在のよって来るところである。

また、無明を余すところなく滅することによって行は滅し、行を滅することによって識は滅し、識の滅することによって名色は滅し、名色の滅することによって六処は滅し、六処の滅することによって触は滅し、触の滅することによって受が滅し、受の滅することによって愛が滅し、愛の滅することによって取が滅し、取の滅することによって有は滅し、有の滅することによって生が滅する。生の滅するところ、老死は滅し、愁・悲・苦・憂・悩もまた滅する。かくのごとくにして、すべての苦しい人間存在は滅する。」

――なんじのものにあらず――

南伝　相応部経典　一二、三七　汝のものにあらず
漢訳　雑阿含経　一二、一三

かようにわたしは聞いた。

ある時、世尊は、サーヴァッティー（舎衛城）にましました。その時、世尊は、比丘たちのために、かように説いた。

「比丘たちよ、この身はなんじらのものではない、また余《よ》の人のものでもない。比丘たちよ、これは先《さき》の業《ごう》によって造られたものであり、さきの業によって考えられたものであり、また、さきの業

によって感受せられたものであると、知らなければならない。

比丘たちよ、したがって、聖弟子たるものは、縁起をよく聞いて、よく思念するのである。それは、かようである。

これがある故に、これがある。これが生ずる故に、これが生ずる。これがない故に、これがない。これが滅する故に、これが滅する。すなわち、無明によりて行があり、行によりて識があり、乃至《ないし》、かくのごときが、すべての苦しい人間存在のよりて生ずる所以である。また、無明を余すところなく滅することによって行が滅する。行の滅することによって識が滅する。乃至、かくのごとくにして、すべての苦しい人間存在も滅する。」

第二章　無常説法

―過去・未来・現在―

南伝　相応部経典　二二、九　過去・未来・現在
漢訳　雑阿含経　一、八

かようにわたしは聞いた。

ある時、世尊は、サーヴァッティー（舎衛城）のジェータ（祇陀《ぎだ》）林《りん》なる給孤独《ぎっこどく》の園の精舎にあられた。その時、世尊は、比丘たちを呼び、かように説かれた。

「比丘たちよ、過去の物象《もの》（色）は無常であった。未来の物象も無常である。そして現在の物象もまた無常である。比丘たちよ、私の教えるところを聞いて、このように観たる聖弟子たちは、過ぎ去れる物象を顧み追うことなく、いまだ来たらざる物象を悦び求むることなく、現に在るところの物象を厭い嫌い、欲を離れ、滅尽《めつじん》に向かうのである。

比丘たちよ、このことは、受についてもおなじである。想、行についてもおなじであり、また識についていうもおなじである。」

南伝　相応部経典　二二、一八　因
漢訳　雑阿含経　一、一一

―因縁無常―

かようにわたしは聞いた。

ある時、世尊はサーヴァッティー（舎衛城）のジェータ（祇陀）林なる給孤独の園の精舎にあられた。

その時、世尊は、比丘たちを呼び、かように説かれた。

「比丘たちよ、物象《もの》（色）は無常である。物象をしてあらしめる因と縁もまた無常である。無常なる因と縁とによりて生起する物象が、どうして常恒《じょうごう》であろうか。

比丘たちよ、このことは、受について言うもおなじである。想について言うもおなじである。行について言うもおなじであり、また識について言うもおなじである。

比丘たちよ、すでに教えを聞いた聖弟子たちは、このように観て、物象（色）を厭い離れ、受を厭い離れ、行と想を厭い離れ、識を厭い離れる。かくて、一切を厭い離れることによって、欲を離れることができる。欲を離れることによって、解脱《げだつ》することができる。すでに解脱することによって、わたしは解脱したのであるとの智が生ずる。その時――わが迷妄《めいもう》の生涯はすでに終わった。わが涅槃を得んがための行はすでに果たされた。わが作《な》すべきことはすでに作《な》されたのである。この上は、さらにかくのごとき生涯に入ることはないであろう。――と証知することができるのである。」

南伝　相応部経典　二二、九七　爪頂
漢訳　増一阿含経　一四、四

―爪にのせたる土―

かようにわたしは聞いた。

ある時、世尊は、サーヴァッティー（舎衛城）のジェータ（祇陀）林なる給孤独の園の精舎にあられた。その時、一人の比丘が、世尊のいますところにいたり、世尊を拝して、白《もう》して言った。

「大徳よ、この世の物象《もの》(色)にて、常恒永住にして、変易《へんえき》せざるものがあろうか。」

「比丘よ、この世には、常恒永住にして、変易せざるものは、少しもない。」

そして、世尊は、すこしばかりの土を爪の上にのせて、かの比丘に示して言った。

「比丘よ、たったこれだけの物象《もの》といえども、常恒永住にして、変易せざるものとては、この世に存しないのである。比丘よ、もし、爪にのせたるこの土ほどの物象にても、常恒永住にして変易せざるものが存するならば、わたしの教える清浄の行に住することによって、よく苦を滅しつくすということはできないであろう。されど、比丘よ、たったこれだけの物象といえども、この世には永住常恒のものはなく、変易せざるものはないのであるが故に、わたしの教えるところの清浄行に住することによって、よく苦を滅しつくすことができるのである。」

南伝　相応部経典　三五、五三　無明

―無明を去る―

かようにわたしは聞いた。

ある時、世尊は、サーヴァッティー(舎衛城)のジェータ(祇陀)林なる給孤独の園の精舎にあられた。その時、一人の比丘は、世尊のいますところにいたり、世尊を拝して、白《もう》して言った。

「大徳よ、どのように知り、どのように見る者において、かの無明は消え去り、かの明智は生まれ来るのであろうか。」

「比丘よ、眼は無常であると知り、眼は無常であると見る者において、かの無明は消え去り、明智は生じ来るのである。色《しき》（物象）は無常であると知り、色は無常であると見る者において、その無明は消え去り、明智は生じ来るのである。また、この眼における感覚を縁として生ずるところの受（感情）は、楽なるものも、苦なるものも、あるいは非楽非苦なるものも、すべて無常なることを知り、無常であると見る者においては、その無明は消え去り、明智は生じ来るのである。

比丘よ、このことは、耳について言うも同じである。鼻について言うも同じである。舌についていうも同じである。身について言うもおなじであり、また、意について言うも同様である。

比丘よ、このように知り、このように見る者においては、その無明は消え去って、そこに明智は生じて来るのである。」

南伝　相応部経典　三五、一　無明

―厭い離る―

かようにわたしは聞いた。

ある時、世尊は、サーヴァッティー（舎衛城）のジェータ（祇陀）林なる給孤独の園の精舎にあられた。その時、世尊は比丘たちを呼び、かように説かれたことがあった。

「比丘たちよ、眼は無常である。すべて無常なるものは苦である。すべて苦なるものは無我である。すべて無我なるものは、『これわが有《もの》にあらず、これわれにあらず、これわが我《が》にあらず。』と、このように正しき智慧をもって、あるがままにこれを見なければならぬ。

比丘たちよ、耳について言うも同じである。鼻について言うも同じである。舌について言うも同じである。身について言うも同じであり、また、意について言うも同じである。

比丘たちよ、私の教えるところを聞いて、このように観たる弟子たちは、眼において一切を厭い嫌い、耳において一切を厭い嫌い、鼻において一切を厭い嫌い、身において一切を厭い嫌い、意においても一切を厭い嫌うであろう。かくて、一切を厭い嫌うことによって、欲を離れることができる。欲を離れることによって、解脱を得ることができる。解脱を得ることによって、わたしは解脱を得たのであるとの智慧が確立するのである。かくて――わが迷いの生涯はすでに終わった。わが安穏を得んがための行はすでに果たされた。わが作《な》すべきことは、すでに作されたのである。さらにかくのごときことのために生を受けることはないであろう。――と、証知することができるのである。」

—無常・苦・無我—

南伝　相応部経典　二二、一五　無常なるもの
漢訳　雑阿含経　一、九　無常

かようにわたしは聞いた。

ある時、世尊は、サーヴァッティー（舎衛城）のジェータ（祇陀）林なる給孤独の園の精舎にあられた。その時、アーナンダ（阿難）は、世尊を拝して、白《もう》して言った。

「大徳世尊よ、願わくは、わがために略して法を説きたまえ。わたしは、世尊より法を聞いて、独り静処《せいしょ》におもむき、放逸ならず、精進し努力したいと思う。」

「アーナンダよ、では、なんじはいかに思うか。物象《もの》は常恒《じょうごう》であると思うか。無常であると思うか。」

「大徳よ、無常である。」

「では、無常であるならば、苦であろうか、楽であろうか。」

「大徳よ、苦である。」

「では、無常にして苦なる変易するものは、これを観じて、これはわがものである、これはわが我《が》であるとなすことができるであろうか。」

「大徳よ、それはできませぬ。」

世尊は、さらに、受について、想について、行について、また識についても、同じように問うた。

アーナンダの答もまた、そのいずれについても、同じであった。そこで、世尊は教えて言った。

「アーナンダよ、その故に、一切を厭い離れねばならぬ。一切を厭い離るれば、解脱することができる。すでに解脱するにいたれば、わたしは解脱したのであるとの智が生ずる。かくて――わが迷妄の生涯はすでに終わった。わが涅槃を得んがための行はすでに成った。わが作《な》すべきことはすでに作されたのである。このうえは、さらにかくのごとき生涯をくり返すことはないであろう。――と、証知することができるのである。」

―世間は壊れる―

南伝　相応部経典　三五、八二　世間

かようにわたしは聞いた。

ある時、世尊は、サーヴァッティー（舎衛城）のジェータ（祇陀）林なる給孤独の園の精舎にあられた。その時、ひとりの比丘は、世尊のいますところにいたり、世尊を拝して、白《もう》して言った。

「大徳よ、世間、世間と称せられるが、一体どのような意味において世間と称せられるのであろうか。」

「比丘よ、破壊するが故に世間と称せられるのである。比丘よ、眼は破壊する。鼻は破壊する。舌は破壊する。身は破壊する。意は破壊する。また、それらの触《そく》（感官）を縁として生ずるところの感受は、楽なるものも、苦なるものも、あるいは非楽非苦なるものも、すべてまた破壊するのである。比丘よ、このように、すべてが破壊し遷流《せんる》するが故に、世間と称せられるのである。」

＊世間　loka に遷流の義がある。

第三章　行苦説法

――五蘊《ごうん》は苦なり――

南伝　相応部経典　二二、一三

かようにわたしは聞いた。

ある時、世尊は、サーヴァッティー（舎衛城）のジェータ（祇陀）林なる給孤独の園の精舎にましました。その時、世尊は、比丘たちを呼び、彼らのために説かれた。

「比丘たちよ、色《しき》は苦である。受は苦である。想は苦である。行《ぎょう》は苦である。識もまた苦である。

比丘たちよ、わたしの教えを聞いた弟子たちは、そのように観て、色《しき》を厭い離れ、受を厭い離れ、想を厭い離れ、行を厭い離れ、識をもまた厭い離れる。厭い離れることによって、欲を離れることができる。欲を離れることによって解脱するのである。すでに解脱するに到れば、わたしは解脱したとの智が生じ、わが迷いの生活はすでに終わった。清浄なる行はすでに成った。作《な》すべきことはすでに弁じおわった。もはや、かような迷いの生活に入ることはあらじ、と知ることができる。」

―無常なるものは苦なり―

南伝　相応部経典　三五、三二　有験

かようにわたしは聞いた。

ある時、世尊は、ラージャガハ（王舎城）のヴェルヴァナ（竹林精舎）にましました。その時、世尊は、比丘たちに告げて申された。

「比丘たちよ、なんじらは、これをいかに思うか。眼は常住であろうか。無常であろうか。」

「大徳よ、それは無常である。」

「およそ物の無常なるものは、それは、わたしどもにとって、苦であろうか。それとも楽であろうか。」

「大徳よ、それは苦である。」

「およそ物の無常にして苦なる、変り移ろうものを、――それはわが有《もの》である。それはわれである。それはわが我《が》である。――と、そのように認識するのは、正しいことであろうか。」

「いいな、大徳よ、それは正しいことではない。」

世尊は、さらに、耳についても、鼻についても、舌についても、身についても、意についても、同じような問答をくり返された後、このように説かれた。

「比丘たちよ、わたしの教えを聞いた弟子たちは、そのように観て、眼において厭い離れ、耳において厭い離れ、鼻において厭い離れ、舌において厭い離れ、身において厭い離れ、意においてもまた厭い離れる。厭い離れることによって、欲を離れることができる。欲を離れることによって解脱するのである。解脱することを得たる時、わたしは解脱したとの智が生じ、わが迷いの生活はすでに尽きた。清浄なる行はすでに成った。作《な》すべきことはすでに弁じおわった。もはやこの上は、さらにかくのごとき迷いの生活に入ることはあらじ、と知ることができるのである。」

南伝　小部経典　経集　三、八　箭経

―生きとし生ける者の法則―

（註　一人の優婆塞《うばそく》が子を喪って、憂い悲しみの余り、七日間、食をとらなかったとき、世尊は憐れんで彼を訪い、教えを説かれたのが、この経の内容であるという。）

この世における人のいのちは、
定めなくして知ることができぬ。

また、みじめにして短く、
そは、苦と相応しているのである。

何となれば、一たび生まれたる者の、
死をまぬかれる手だてはない。
生まれたる者は必ず老と死とに至る。
これ、生きとし生ける者の法則である。

熟したる果物《くだもの》は、まもなく
落ちる恐れのあるがごとく、
生まれたる人も、また同じく、
常に死の恐れの前にある。

また譬《たと》うれば、陶工が
作りたる粘土のうつわの、
みなやがては壊れるごとく
人の命もまた然《しか》るのである。

おさなき者も　成人せる者も、
愚かなる者も　賢き者も、
すべての者は死にゆすられ、
すべての者は死に赴く。

死に打ち勝たれて去りゆくとき、
父も子を救うことはできぬ。
いかなる親類も縁者も、
彼をかの世より救い出すことはできぬ。

ここに相見つつある人々が、
ここに親しく語りつつある人々が、
屠所《としょ》にひかれる牛のごとく、
一人々々、死魔に連れ去らるるを見よ。

そのように、すべて世間の人々は、

死と老とに攻めさいなまれる。
されど、もろもろの賢き人は、
世間の自性を知りて憂うることがない。

生まれ来り、死して去る、
かの道をなんじは知らぬ。
生死の両端を正しく見ることなき、
汝は無益にも悲しみ泣くのである。

この両端を知ることなくして、
おのれを害《そこな》いつつ悲泣する者が、
なお何らかの利益することあらば、
賢き者もまたまさにこれをなすであろう。

されど、悲泣すとも、憂悩すとも、
人は心の寂静を得ることはできぬ。
ただ、苦しみはますます彼につのり、

彼の身体は害わるるのみである。

身体は痩《や》せ、顔色はあせてゆく、
されど、死せる者は蘇《よみがえ》らない。
いたずらに悲泣することは無益にして、
ただみずから身体を害うのみである。

憂愁《うれい》を捨断せよ、悲泣するを休《や》めよ。
しからざれば、ますます苦を受くるのみ。
命終《みょうじゅう》せる者の上に、いたずらに涙するは、
憂愁のとりことなるのである。

たとい人ありて百年生くるとも、
さらに百年をこえて生きようとも、
彼もまた親戚縁者と別れて、
ついにかの世に赴かねばならぬ。

されば人は、聖者の法を聴き、
いとしき者の命終にあうとも
「私はもはや彼とともに暮らすことができぬ」と
悲泣する心をまず調伏せねばならぬ。

たとえば、水をもて燃ゆる火を消しとどめるがごとく、
風来って綿をふきとばすがごとく、
かくのごとく、賢き者は、
生起する憂愁を速やかに滅せねばならぬ。

おのれの幸福を求むる者は、
おのれの歎き悲しみを除かねばならぬ。
貪りと憂いとを除かねばならぬ。
まさに、煩悩の箭《や》を抜かねばならぬ。

すでに煩悩の箭を抜きすて、
依るところなく、求むるところなく、

心の寂静《じゃくじょう》を得るにいたれば、
一切の憂愁をこえて無憂者となる。

南伝　小部経典　経集　四、六　老経

―夢の如し―

人のいのちはまことに短い。
百歳に及ぶものは少なく、
百歳をすぎて生くる者もまた、
やがて老いのために死ぬ。

人はおのれの執《しゅう》する物のために愁《うれ》える。
けだし、所有に常なきがゆえに。
そは存し、変じ、また滅する。
かく知りて人は執着を去らねばならぬ。

「これは私のもの」と思える物も、

そは死のために失われる。
賢き者はその理《ことわり》を知りつくして、
おのれの執着を去るのである。

たとえば、夢にて会いしものを、
人は、覚めてまた見ることはできぬ。
かくのごとく、愛する人々をも、
命終してのちは見ることができぬ。

この世にありし頃は、某々《それがし》とて、
その名も聞き、その顔も見たるに、
亡き後は、ただその名のみが、
彼を語るよすがとして残る。

執着するものを貪《むさぼ》り求むる者は、
悲愁《ひしゅう》、邪慳《じゃけん》の心を捨てることはできぬ。
されば、安穏の境地を知る聖者は、

すべて所有を捨てて行ずる。
聖者は一切処《いっさいしょ》に依ることなく著《じゃく》することなく
愛する者もなく、憎む者もなく、
たとえば、はすの葉に水のしずくの著《つ》かざるがごとく、
悲泣することもなく、邪慳の心をいだくこともない。

第四章　無我説法

——我　見——

南伝　相応部経典　二二、一五五　我

かようにわたしは聞いた。

ある時、世尊は、サーヴァッティー（舎衛城）のジェータ（祇陀）林なる給孤独の園の精舎にあられた。その時、世尊は、比丘たちを呼び、かように説かれたことがあった。

「比丘たちよ、何があるによって、何を執することによって、何を貪ることによって、我見を起こ

すのであろうか。」

「大徳よ、世尊はわれらの法の眼目であらせられる。願わくは、そのことを説き給え。」

「比丘たちよ、色《しき》（物象《もの》）があるにより、色を執するにより、色を貪ることによって、我見は起こるのである。同じように、また、受があるによって、想があるによって、行があるによって、識があるによって、それらを執し、それらを貪ることによって、我見は起こり来るのである。

だが、比丘たちよ、なんじらはいかに思うか。色は常なるものであろうか。それとも常なきものであろうか。」

「大徳よ、そは常なきものである。」

「常なければ、苦であろうか。楽であろうか。」

「大徳よ、そは苦である。」

「では、無常にして苦なる変易するものを、執せずとも、我見は起こるであろうか。」

「大徳よ、しからず。」

世尊はさらに、受について、想について、行について、また識についても、同じように問うた。比丘たちの答えも、また同じであった。そこで、世尊は彼らに教えて言った。

「比丘たちよ、すでに教えを聞いた聖弟子たちは、このように観じて、色《しき》を厭い離れ、受を厭い離れ、想を、行を、また識を厭い離れる。かくして、一切を厭い離れることによって、欲を離れることができる。欲を離れることによって、解脱することができる。すでに解脱すれば、わたしは解脱したのであるとの智が生ずる。その時――わが迷妄の生涯はすでに終わった。わが涅槃を得んがための行はすでに作《な》された。わが作すべきことはすでに果たされた。この上は、さらにかくのごとき生涯をくり返すことはせぬであろう。――と証知することができるのである。」

南伝　相応部経典　二二、一一八　解脱
漢訳　雑阿含経　三、七六

―如実に見る―

かようにわたしは聞いた。

ある時、世尊は、サーヴァッティー（舎衛城）のジェータ（祇陀）林なる給孤独の園の精舎にあられた。その時、世尊は、比丘たちを呼び、このように説かれたことがあった。

「比丘たちよ、なんじらの考えにおいては、いかがであろうか。色《しき》（物象《もの》）は、わがものである、われである、わが体であると、そのように見るであろうか。」

「大徳よ、しからず。」

「よろしい。比丘たちよ、色は、わがものでなく、われでもなく、わが体でもないと、そのように、正しき智慧をもって、如実に観ずるがよい。」

そこで世尊は、さらに受について、想について、行について、また識についても、同じように説いて、さて、彼らに教えて言った。

「比丘たちよ、そのように観じて、色を厭い離れ、受を厭い離れ、想を、行を、また識を厭い離れるがよい。そのように、一切を厭い離れることによって、欲を離れることができる。欲を離れることを得れば、解脱することができる。解脱することを得れば、わたしは解脱したのであるとの自覚が生ずる。その時――わが迷いの生涯はすでに尽きた。わが安穏のための行はすでに成った。作《な》すべきことはすでに終わった。されば、またかくのごとき迷妄の生に入ることはせぬであろう。――と証知することができるのである。」


―無問自説―

南伝　相応部経典　二二、五五　優陀那
漢訳　雑阿含経　三、六四

かようにわたしは聞いた。

ある時、世尊は、サーヴァッティー（舎衛城）のジェータ（祇陀）林なる給孤独の園の精舎にあられた。その時、世尊は、問う者なきに、自ら説きいでて、このように誦《じゅ》した。

「われというものはない。

また、わがものというものもない。

すでにわれなしと知らば、
何によってかわがものがあろうか。
もしこのように解することを得れば、
よく煩悩を断つことを得るであろう。」

世尊が、このように誦しているのを、一人の比丘が聞いて、問うて言った。
「大徳よ、ただいま誦せられた言葉の意味は、どのようなことであろうか。」
「比丘よ、ここに一人の人があるとするがよい。彼は、いまだ覚者を見ず、覚者の法を知らず、善知識の法に順《したが》わず、あるいはまた、いまだ善知識を見ず、善知識の法を知らず、善知識の法に順わず、したがって彼は、色《しき》は我である、我は色を有す、我が中に色がある。色の中に我がある、と見るであろう。

かく見るが故に、彼は、無常なるものを無常なりと、如実に知ることを得ない。苦なるものを苦であると、如実に知ることを得ない。また、無我なるものを無我なりと、あるがままに知ることを得ないのである。一切は因縁の結ぶがままにあり、一切は因縁の解《と》けるがままに壊《え》するものであることを、ありのままに知ることができないのである。

比丘よ、またここに、一人の人があるとするがよい。彼は、すでに覚者を見、覚者の法を知り、覚者の法に順《したが》い、あるいはまた、善知識を見、善知識の法を知り、善知識の法に順い、したがって、彼は、色《しき》は我であるとも、我は色を有すとも、我が中に色ありとも、色の中に我ありとも、見ることはない。

かく見るが故に、彼は、無常なるものを無常であると、如実に知り、苦なるものを苦であると、如実に知り、また、無我なるものを無我であると、あるがままに知ることができる。一切は因縁の結ぶがままにあり、一切は因縁の解けるがままに壊するものであることを、ありのままに知ることができるのである。

かくのごとくにして、彼においては、色・受・想・行・識、すべて壊するものであるが故に、彼は、われというものはない。

また、わがものというものもない。

すでにわれなしと知らば、
何によってか、わがものがあろうか。

と知ることができるのである。比丘がもし、かくのごとくよく解することを得たならば、われらを欲界に結びつける五種の煩悩を、よく断つことができると言うのである。」


―花の香のごとし―

南伝　相応部経典　二二、八九　差摩
漢訳　雑阿含経　九、一〇三

かようにわたしは聞いた。

ある時、多数の長老の比丘が、コーサンビー（拘睒弥）のゴーシタ（瞿師多）園にいた。その時、長老ケーマ（差摩）とダーサカ（陀娑）との間に、かような問答が交わされた。

「友ケーマよ、なんじは説いて、我《われ》ありとなすのは、何を指して我ありというのであるか。肉体（色）が我なりというのであるか。肉体を離れて我ありというのであるか。あるいは、受を、想を、行を、識を指して、それが我であるというのであるか。それとも、それらを離れて、なお我ありと説くのであるか。友ケーマよ、なんじが我ありとなすのは、何を指して、我ありというのであるか。」

「友だちよ、私は、肉体（色）が我であると言うのではない。また、受や、想や、行や、識やを指して、これが我であると言うのでもない。あるいはまた、それらを離れて別に我があるというのでもない。

友だちよ、たとえば、優鉢羅《ウパーラ》や鉢曇摩《バードンマ》や分陀利華《フンダリケ》の花のかおりのごときものである。もし人ありて、弁《べん》に香りがあると言ったならば、それは正しいであろうか。また、茎《くき》に香りがある、あるいはまた、花の蕊《しべ》に香りがあると説いたならば、それは正しい説きかたであろうか。」

「友ケーマよ、それは正しくない。」

「では、友だちよ、どのように答えたならば、正しい答であろうか。」

「友よ、それはやはり、花に香りがあると答えるのが、正しい答である。」

「友だちよ、そのように、私は、肉体（色）が我であると説くのでもなく、また、受や想や、行や識やを指して、それらが我であると言うのでもない。あるいはまた、それらを離れて、別に我があるのだと説くのでもないのである。友だちよ、私は、肉体と精神の総体（五蘊《ごうん》）において、我があると見るのではあるが、また、これがわが所有《もの》と見るのでもないのである。」

第五章　欲貪説法

―雪山《ヒマーラヤ》を黄金に化すとも―

南伝　相応部経典　四、二〇　統治
漢訳　雑阿含経　三九、一〇九八

かようにわたしは聞いた。

ある時、世尊は、コーサラ（拘薩羅）にて、雪山の麓《ふもと》ちかく、とある森の小さな屋舎におられたことがあった。その時、世尊は、ひとり坐し、静かに思念して、このような思惟をめぐらされた。

「国を統治するには、殺すこともなく、害することもなく、勝つことも負くることもなく、悲しむことも悲しましめることもなく、法のままに統治するということはできぬであろうか。」

その時、悪魔は、世尊の思念するところを知り、世尊の前に現われて、世尊に言った。

「世尊よ、世尊はみずから統治したまうがよい。みずから統治して、殺すこともなく、害することもなく、勝つことも負くることもなく、悲しむことも悲しましめることもなく、法のままに統治したまうがよい。」

「悪魔よ、なんじは、何と思うが故に、わたしにそのようなことを言うのであるか。」

「世尊よ、世尊は四如意足《にょいそく》を修めならい、あたかも日ごろ乗用の車のごとく、自在に御《ぎょ》し慣れておられる。されば、もし世尊にして雪山王を化《か》して黄金となさんと欲して決意したまうならば、雪山王もまた化して黄金となるであろう。」

その時、世尊はすなわち偈《げ》をもって、このように答えられた。

「たとい雪山を化して黄金となし、
さらにこれを二倍にすとも、
よく一人の欲をみたすに足らぬ。
かく知りて、人々よ、正しく行え。

人間の苦しみとその原因をさとる者は、
いかでか心を欲貪《よくとん》に傾けようぞ。
物に依るものは物に縛《ばく》せられると、
かく知りて、そを解くことを学ばねばならぬ。」

かくて、悪魔は、「世尊はわれを知りたもう。われを世尊は知りたまえり」とて、苦しみ萎《しお》れて、そこに姿を没した。

―欲の喩《たとえ》―

南伝　中部経典　五四　哺多利経
漢訳　中阿含経　五五、二〇三　哺多利経

かようにわたしは聞いた。

ある時、世尊は、アングッタラーパ地方にましました。この地方にアーパナと名づくる村があった。ある日の早朝、世尊はこの村に行乞《ぎょうこつ》し、とある森に入り、一樹の下に坐して休息をとられた。その時、ポータリヤ（哺多利）なる居士があり、逍遥《しょうよう》してこの森にいたり、世尊のいますところに到って、慇《いん》懃《ぎん》に挨拶を交わし、相語りあった。

彼は、すでに、その財穀《ざいこく》金銀を子らに譲り与えて、俗事をはなれ、隠棲《いんせい》の身であったが、世尊は、彼のために、真の俗事を断つとは、どのようなことであるかを説いて、ついに彼を帰依せしめた。その説法の中において、世尊は、欲貪のわざわいなることを教えて、このような譬喩《ひゆ》を説かれた。

「居士よ、それはあたかも、乾草の炬火《たいまつ》を持って風に向かって行くがごとくである。居士よ、それをなんじはいかに思うか。もし、この人がその炬火をすみやかに棄てなかったならば、その炎は、彼の手を焼くであろう。あるいは彼の腕を焼くであろう。あるいはその身体を焼くであろう。それによって、彼は、死に、もしくは、死にひとしい苦しみを受けるであろうと思うが、どうであろうか。」

「世尊よ、その通りである。」

「居士よ、されば、私の弟子たちは、このように思っているのである。――欲は乾草の炬火に譬《たと》うべく、苦しみ多く、悩み多しと、世尊によりて説かれた。まさに、これを厭離《えんり》すべきである。――そのように彼らは、正しい智慧をもって、如実に見て、すべての世間的利得への執着を、余すところなく滅し尽くすのである。」

また世尊は、彼のために、欲貪のわざわいを説いて、このような譬喩を語った。

「居士よ、たとえば、ある村里の近くに繁茂せる森があって、そこに、よく熟した果《み》のたくさん生《な》っている一本の樹があるとするがよい。その果はまだ一つも地に落ちてはいない。そこに一人の人が、木の果をもとめて、この森に入り、この樹を見いだして考えた。――この樹には、よく熟した果がたくさん生《な》っている。まだ一つも落ちていない。私は、この樹に登って、欲するままに食い、私の前掛にも包んで帰ろう。――そして彼は、その樹によじて、果をとりはじめた。そこにもう一人の男が、やはり木の果をさがしてこの森に来り、この樹を見いだした。彼はこの樹を仰いで言った。――よく熟した果がたくさんついているが、一つも落ちてはいない。私はこの樹にのぼれないから、根もとから伐《き》って、あの果を腹いっぱい食べよう。この前掛にも包んで帰ろう。――そして彼は、その樹を根もとから伐りはじめた。そこで居士よ、いかが思うか。さきにこの樹にのぼった人は、早くおりなかったならば、この樹は伐り倒されて、彼は手をくじき、足をくじき、あるいは身体をくじいて、そのために死ぬか、死にひとしい苦しみを受けねばなるまい。」

「世尊よ、仰せの通りである。」

「居士よ、だから私の弟子たちは、このように考えているのである。――欲は木の果《み》をつけた樹に譬うべく、苦しみ多く、悩み多しと、世尊によって説かれた。まさにこれを厭い離るべきである。――そのように彼らは、正しき智慧をもって、如実に見て、すべての世間的利得への執着を、余すところなく滅しつくすのである。」

世尊はまた、このような譬喩をもって、おなじく欲貪のわざわいを、彼のために説いた。

「居士よ、たとえば、今ここに深さ身のたけをこゆる穴があり、その中に、燃えさかる火がみちているとするがよい。しかるに、ここに、ひとりの人があり、彼は生を欲し、死を欲せず、楽を愛し、苦を厭うにもかかわらず、二人の力強き男に両腕をとられ、ひきずられて、この火の穴に連れこまれたとするがよい。その時、居士よ、いかがであろうか。彼は、身をもがき、身体をかがめ曲げて、火の穴に落ちざらんとするであろう。」

「むろん、世尊よ、彼はしかするであろう。何となれば、世尊よ、彼は、もしこの火の穴に落ちれば、死なければならぬ、もしくは死にひとしい苦しみを受けねばならぬことを、よく知っているからである。」

「居士よ、まことにそのように、私の弟子たちは考えているのである。――欲は火の穴に譬うべく、苦しみ多く、悩み多しと、世尊によって説かれた。まさにこれを厭離せねばならぬ。――かくのごとく、彼らは、正しき智慧をもって、欲のわざわいなることを如実にみて、すべての世間的利得への執着を、あますところなく、滅しつくすのである。」

さらにまた世尊は、夢の果てなきに譬えて、欲貪のわざわいを、彼のために説かれた。

「居士よ、それはまた、あたかも人が夢に愛すべき園を見、愛すべき林を見、愛すべき蓮池を見たるがごとくである。彼は夢さむれば、そこに何物をも見ないであろう。居士よ、まことにそのように、私の弟子たちは思惟するのである。――欲は夢に譬うべく、苦しみ多く、悩み多しと、世尊によりて説かれた。まさにこれを厭離せねばならぬ。――かくのごとく、彼らは、正しき智慧をもって、欲のわざわいなるを如実に見て、すべての世間的利得への執着心を、余すところなく滅しつくすのである。」

南伝　相応部経典　三、一一三　大食
漢訳　雑阿含経　四二、一一五〇

―現在と未来の利益―

かようにわたしは聞いた。

ある時、世尊は、サーヴァッティー（舎衛城）のジェータ（祇陀）林なる給孤独の園にましました。

その頃、コーサラ（拘薩羅）の王パセーナディ（波斯匿）は、大食を常とし、身体すこぶる肥え太っていた。その日もまた、王は例のごとく、大いに食い終わって、その肥大せる身体に大汗をかき、大息をついて、世尊のもとに来たった。

世尊は、王のそのさまを見て、偈をもって教えて言った。

「人はまさに自ら繫念《けねん》して、
　量を知り食をとらねばならぬ。
　さすれば、その苦しみ少なくして、
　老いること遅く、よく寿を保つであろう。」

その時、スダッサナ（善見）と名づくる一人の少年が、座にあって、王の後に立っていた。王は、その少年を顧みて言った。

「スダッサナよ、なんじは世尊によって、いまの偈をそらんじ、わたしの食事の時に誦《じゅ》するがよい。わたしは日々なんじに百銭ずつ、常時の施《せ》をなすであろう。」

「大王よ、かしこまりました。」

そこで少年は、世尊のもとにあって、この偈をそらんじて、かの王の食事のたびに、これを誦した。

「人はまさに自ら繫念して、
　量を知り食をとらねばならぬ。

　さすれば、その苦しみ少なくして、
　老いること遅く、よく寿を保つであろう。」
かくして、王は、しだいに食の量を減じ、一ナーリの量にて満足するようになった。身体はしだいに肥大を減じ、健康を加え、容貌また端正となった。王は、その手をもって身体を撫《ぶ》し、世尊のいます方を拝して、歓喜して、三たび言った。
「まことに、世尊は、二利をもって、わたしに恵みたもうた。わたしは、現在の利益と、未来の利益とを得ることができた。」

第六章　瞋恚説法
―まさに一法を断て―

南伝　如是語経　一、一、二
漢訳　増一阿含経　五、二

かようにわたしは聞いた。

ある時、世尊は、サーヴァッティー（舎衛城）のジェータ（祇陀）林なる給孤独の園にあられた。

その時、世尊は、比丘たちに告げて、かように説かれた。
「比丘たちよ、まさに一法を断つがよい。一法を断たば、なんじら必ず、煩悩を滅し尽くして、聖者たることを得るであろう。その一法とは何であろうか。いわゆる瞋恚《しんに》（怒り）がそれである。比丘たちよ、まさに瞋恚を断たば、なんじら必ず煩悩を滅しつくして、聖者たることを得るであろう。」
かく教えて、世尊は、さらに重ねて、このように偈を説かれた。

「瞋恚にかりたてられて、
人は悪しき処におもむく。
まさにつとめて瞋恚心を捨つれば、
すなわち煩悩滅尽《めつじん》して聖者たらん。」

——そは、なんじのものなり——

南伝　相応部経典　七、二　讒謗
漢訳　雑阿含経　四二、一一五二

かようにわたしは聞いた。
ある時、世尊は、ラージャガハ（王舎城）の竹林なる栗鼠養餌所《りすようじ》にあられた。その頃、讒謗《ざんぼう》をこととするバーラドヴァージャ（婆羅堕婆闍）なる婆羅門の一人の弟子が、世尊に帰依し、世尊のもとにおいて出家した。かの婆羅門は、そのことを聞いて、心はなはだ喜ばず、怒って、世尊を訪れ、はげしい悪語をもって、世尊を非難した。その時、世尊は静かに、その婆羅門に問うて言った。

「婆羅門よ、なんじはいかに思うか。なんじにも朋友や身寄りの者が、来たり訪れることがあるであろうか。」

「しかり、世尊よ、わたしにも、時に朋友や身寄りの者が、来たり訪れることはある。」

「婆羅門よ、では、いかがであろうか。その時、なんじは、彼らにさまざまの食事をふるまうことがあるであろうか。」

「しかり、世尊よ、わたしは時に、彼らに食事をふるまうこともある。」

「婆羅門よ、その時、彼らがその食事を受けなかったならば、それは誰のものとなるであろうか。」

「世尊よ、もし彼らが、それを受けなかったならば、それは、わたしの物となるよりほかはない。」

「婆羅門よ、そのように、なんじは、誹謗《ひぼう》せざるわれを誹謗し、非難せざるわれを非難するが、わたしは、なんじのそれを受けないのであるから、婆羅門よ、そは、なんじのものである。もし、誹謗する者を誹謗しかえすならば、婆羅門よ、それは主と客とが共に食し、共に交換するものと言われる。だが、わたしは、なんじと共に食せず、なんじと共に交換しない。されば婆羅門よ、こは、なんじのものである。なんじの悪語は、なんじのものであるぞ。」

「では、世尊よ、世尊は怒ることがないであろうか。」

すると世尊は、偈をもって、このように説かれた。

「よく調御《ちょうぎょ》し、正しく生活し、
正智《しょうち》ありて心解脱したる者に、
何処《いずこ》よりか瞋恚《いかり》は起こり得よう。
忿《いか》るものに忿りかえすは、
悪《あ》しきことと知るがよい。
忿るものに忿りかえさぬ者は、
二つの勝利を得るのである。
他人《ひと》のいかれるを知りて、
正念におのれを静むる人は、
よくおのれに勝つとともに、
また他人《ひと》に勝つのである。」

かくのごとく説かれて、かの婆羅門もまた、世尊に帰依し、世尊のもとにおいて出家し、やがて、独り住し、不放逸に、熱心に精勤して、ついに阿羅漢《あらかん》の一人となることを得た。

――いずれが勝者なる――

南伝　相応部経典　七、三　阿修羅王
漢訳　雑阿含経　四二、一一五三

かようにわたしは聞いた。

ある時、世尊は、ラージャガハ（王舎城）の竹林なる栗鼠養餌所にあられた。その頃、阿修羅とよばれる婆羅門の一人の弟子が、世尊に帰依し、世尊のもとにおいて出家した。かの婆羅門は、そのことを知って、心はなはだ喜ばず、怒って、世尊を訪れ、はげしい悪語をもって、世尊を罵詈《ばり》し、誹謗《ひぼう》した。だが世尊はただ黙していた。

そこで、かの婆羅門は、世尊に言った。

「沙門よ、なんじは敗けたのだ。沙門よ、わたしは勝ったのだ。」

すると世尊は、偈をもって、このように答えて言った。

「雑言《ぞうごん》と悪語《あくご》とを語って、
　愚かなる者は勝てりと言う。

　されど、まことの勝利は、
　堪忍《かんにん》を知る人のものである。

　忿《いか》るものに忿りかえすは、

悪しきことと知るがよい。
忿るものに忿りかえさぬ者は、
二つの勝利を得るのである。
他人《ひと》のいかれるを知って、
正念におのれを静める人は、
よくおのれに勝つとともに、
また他人に勝つのである。」

かくのごとく説かれて、かの婆羅門もまた、世尊に帰依し、世尊のもとにおいて出家し、ひとり静処に住して、不放逸に、熱心に精勤して、ついに出家の目的を達し、阿羅漢の一人となることを得た。

南伝　相応部経典　七、四　毘蘭耆迦
漢訳　雑阿含経　四二、一一五四

―かえって自らを汚す―

かようにわたしは聞いた。

ある時、世尊は、サーヴァッティー（舎衛城）の東園なる鹿子母《ろくしも》の講堂にあられた。ある朝はやく世尊は、衣をつけ鉢を持《じ》し、城内に入って行乞せられた。その時、一人の婆羅門ははるかに世尊の姿を見、近づいて、悪語を放ち、怒罵《どば》をあびせ、土をとって、世尊に投じた。すると、たまたま逆風があって、土はかえってかの婆羅門を汚した。そこで世尊は、偈をもって、このように説かれた。

「もし人、故《ゆえ》なくして、
悪語を放ち、怒罵をあびせ、
清浄にして無垢《むく》なる人を汚さんとせば、
その悪かえっておのれに帰す。
たとえば、
土をとってかの人に投ずるに、
風に逆うてかえって自ら汚すがごとし。」

かく説き教えられて、かの婆羅門は、世尊に白《もう》して言った。

「世尊よ、わたしは過《あやま》ちを悔いる。世尊の面前にかかる悪語、怒罵を放てることは、まことに愚かなことであった。まことに善からぬことであった。」

そして、さらに世尊の教えを聴き、歓喜し、随喜して、道を復《かえ》して去った。

—内なる敵—

いかりは不義をまねき、
いかりは心をおどらせる。
この内より起こる恐れを人は覚らない。
忿《いか》れる者は義を知らず、
忿れる者は法を見ない。
瞋恚《いかり》が人をのみつくして、
ただ盲目と闇黒とのみがある。
されど、よく瞋恚を抑えて、
忿るべきに忿らざる者には、
枝より落つる多羅《たら》の果《み》のごとく、
やがて瞋恚は捨離《しゃり》せらるるであろう。

南伝　如是語経　三、四、九

──忿《いかり》の領《くに》にゆくなかれ──

南伝　相応部経典　一一、二四　罪過
漢訳　雑阿含経　四〇、一一〇八

かようにわたしは聞いた。

ある時、世尊は、サーヴァッティー（舎衛城）のジェータ（祇陀）林なる給孤独の園にあられた。その時、二人の比丘の相争うものがあった。一人の比丘は、他の比丘に対して罪を犯したが、その比丘は、罪を罪として認め、その罪を謝した。しかるに、他の比丘は、それを諾《うべ》なわずして、罵《のの》り責めてやまないのであった。

他の比丘たちが、それを見かねて、世尊のもとに到り、その由を告げた。世尊は、それに対して、次のように教え説かれた。

「比丘たちよ、罪を犯して、罪を罪と認めぬ者はいけない。また、罪を謝するに、これを法のごとく諾なわぬ者もいけない。この二つの者は、ともに愚かなる者である。

比丘たちよ、それに反して、罪を犯して、罪を罪と認める者はよい。また、罪を謝するに、これを如法《にょほう》に諾なう者はよい。この二つの者は、ともに賢き者である。

比丘たちよ、遠き昔のこと、帝釈天《たいしゃくてん》は、もろもろの天神を戒めて、このような偈を説いたということである。

忿《いかり》の領《くに》に行くことなかれ。
友情に老《おい》をあらしむなかれ。
譏《そし》るべからざるをそしるなかれ。
離間《りかん》のことばを口にするなかれ。
山の人を押しつぶすがごとく、
忿りは愚かなる者を押しつぶす。」

第七章　無明説法

―無明とは何か―

南伝　相応部経典　三八、九　無明

かようにわたしは聞いた。

ある時、尊者サーリプッタ（舎利弗）は、マガダ（摩掲陀）国なる、とある村にあった。その時、一人の沙門が、彼を訪れ来たり、問うて言った。

「友よ、〝無明《むみょう》、無明〟と称せられるが、友よ、無明とは何であるか。」

「友よ、およそ苦についての無知、苦の生起についての無知、苦の滅尽についての無知、苦の滅尽にいたる道についての無知。友よ、これを称して無明というのである。」

「友よ、さらば、この無明を捨て去る道があるであろうか。」

「友よ、かの聖なる八つの道こそは、この無明を捨棄《しゃき》する道である。それは即ち正見《しょうけん》、正思《し》、正語《ご》、正業《ごう》、正命《みょう》、正精進《しょうじん》、正念《ねん》、正定《じょう》である。友よ、これが無明を捨棄する道である。」

南伝　相応部経典　四五、一　無明
漢訳　雑阿含経　二八、七四九

―無明ありて―

かようにわたしは聞いた。

ある時、世尊は、サーヴァッティー（舎衛城）のジェータ（祇陀）林なる給孤独の園にあられた。その時、世尊は比丘たちのために、このように説かれた。

「比丘たちよ、無明がまずあって、もろもろの悪不善の法が生じ、さらに無慚無愧《むざんむき》がこれに随《したが》うのである。比丘たちよ、無明に随う無智者において邪見は生ずる。邪見あらば邪思惟が生ずる。邪思惟あらば邪語が生ずる。邪語あらば邪業《じゃごう》が生ずる。邪業あらば邪命《じゃみょう》が生ずる。邪命あらば邪精進《じゃしょうじん》が生ずる。邪精進あらば邪念が生ずる。邪念あれば邪定《じゃじょう》が生ずるのである。

比丘たちよ、明《みょう》がまずあって、もろもろの善法が生じ、さらに慚《ざん》と愧《き》とがこれに随うのである。比丘たちよ、明にしたがう智者において、正見は生ずる。正見の存するところ、正思惟は生ずる。正思惟あらば正語が生ずる。正語あらば正業が生ずる。正業あらば正命が生ずる。正命あらば正しき精進が生ずる。正しき精進あらば正念が生ずる。正念があれば正定が生ずるのである。」

―大なる叢林あり―

南伝　相応部経典　二二、八四　低舎
漢訳　雑阿含経　一〇、二七一

かようにわたしは聞いた。

ある時、世尊は、サーヴァッティー（舎衛城）のジェータ（祇陀）林なる給孤独の園にあられた。

その時、世尊の従弟《いとこ》なりしティッサ（低舎）は、身体倦怠し、精神惛眠《こんみん》し、修行を楽しまず、法に疑惑を生ずるに至った。世尊は彼を呼び、彼を鼓舞《こぶ》して、このような譬《たと》えを説かれた。

「ティッサよ、譬《たと》えばここに二人の男があるとするがよい。その一人は道を知らず、他の一人は道を知っている。道を知らぬ男が、道を知れる男に、道を問うた。すると、彼は、このように教えて言った。

男子よ、この道はこれこれである。この道にしたがってしばらく行くと、二つの道の岐《わか》れ目になっているところに出る。その時、なんじは左の道を捨てて、右の道を行くがよい。その道にしたがってしばらく行くと、やがて大なる叢林《そうりん》を見るであろう。またその道をしばらく行くと、やがて大なる深き沼沢《しょうたく》を見るであろう。さらにその道をしばらく行くと、こんどは瞼峻《けんしゅん》に出合うであろう。だが、さらにこの道にしたがって行けば、なんじはついに平等安楽《びょうどうあんらく》なる地に到りつくであろう。

ティッサよ、わたしが、このような譬喩を説くのは、このような意味を示そうがためである。ティッサよ、道を知らぬ男というのは、凡夫《ぼんぷ》のことである。また、道を知れる男というのは覚者《かくしゃ》・如来《にょらい》のことである。

ティッサよ、また、二つの道の岐れ目というのは、疑惑のことを言うのである。そして、左の道というのは、八つの正しからぬ道であり、右の道というのは、八つの聖《せい》なる正道《しょうどう》をいうのであって、すなわち、正見、正思、正語、正業、正命、正精進、正念、正定がそれである。

ティッサよ、さらに、大なる叢林というのは、無明のことである。大なる深き沼沢というのは諸欲のことである。瞼峻ありというのは、忿怒《いかり》、憂悲《かなしみ》をいうのである。また、最後に、ついに平等安楽なる地に到るというは、涅槃にいたることに他ならぬ。

ティッサよ、歓喜《かんぎ》するがよい。精進するがよい。久しき後に心の悔いをあらしめてはならぬ。わたしが今より、なんじを導き教えるであろう。」

世尊は、かくのごとく説きたもうた。彼は喜び悦《よろこ》んで、世尊の説きたもうところを歓喜し奉行《ぶぎょう》した。

―まなこに喩えて―

南伝　増支部経典　三、二九

「比丘たちよ、世の中には、これら三つの類の人がある。三つの類とは何であろうか。それは、盲人と、一眼ある人と、両眼ある人とである。

比丘たちよ、盲人とは、いかなる人のことであろうか。比丘たちよ、世にはこのような一類の人がある。彼はよく財物を得べき、あるいは、已得《きとく》の財物を増殖すべき眼を有せず、またよく善悪の法を知り、正邪の法を知り、勝劣の法を知るべき眼をも有せぬ。比丘たちよ、これらの人を盲人というのである。

また比丘たちよ、一眼ある人とは、いかなる人をいうのであろうか。比丘たちよ、世にはこのような一類の人がある。彼はよく財物を得べき、あるいは已得の財物を増殖すべき眼を有するけれども、だが彼は、よく善悪の法を知り、正邪の法を知り、勝劣の法を知りわける眼を有せぬ。比丘たちよ、これらの人を一眼のみある人というのである。

また比丘たちよ、両眼ある人とは、いかなる人をいうのであろうか。比丘たちよ、世にはこのような一類の人がある。彼はよく財物を得べき、あるいは已得の財物を増殖すべき眼を有するとともに、また彼は、よく善悪の法を知り、正邪の法を知り、勝劣の法を知りわける眼を有する。比丘たちよ、これらの人を両眼を持てる人というのである。

比丘たちよ、世の中には、これら三つの類の人がある。しかして、比丘たちよ、なんじらは、盲人と一眼のみの人を、遠く離れて避けるがよい。ただ、両眼を持てる人に親しみ近づくがよい。」

南伝　相応部経典　二二、九九　無知
漢訳　雑阿含経　一〇、二六六

―無明流転―

かようにわたしは聞いた。

ある時、世尊は、サーヴァッティー（舎衛城）のジェータ（祇陀）林なる園にあられた。その時、世尊は、比丘たちのために、このように説かれた。

「比丘たちよ、輪廻《りんね》はその始めを知らず、衆生は無明におおわれ渇愛《かつあい》に縛《ばく》せられて、流転《るてん》し、輪廻して、その前の際《きわ》を知ることはできない。

比丘たちよ、たとい大海の水の尽きはてて無くなる時はあろうとも、しかも比丘たちよ、無明におおわれ、渇愛に縛せられて、流転し、輪廻する衆生には、苦の尽きはてる際《きわ》ありとは、わたしは説かない。

比丘たちよ、たとい須弥山《しゅみせん》の崩れ落ちて無《む》に帰する時はあろうとも、しかも比丘たちよ、無明におおわれ、渇愛に縛せられて、流転し、輪廻する衆生に、苦の尽きはてる際ありとは、わたしは説かない。

比丘たちよ、たといこの大地が壊れはてて無に帰する時はあろうとも、しかも比丘たちよ、無明におおわれ、渇愛に縛せられて、流転し、輪廻する衆生に、苦の尽きはてる時があろうとは、わたしは説かぬ。

比丘たちよ、たとえば、狗《いぬ》を縄にて縛し、堅固なる杙《くい》または柱に繫《つな》ぐとき、狗はただ杙柱《くいばしら》をめぐって、おなじ処をめぐり歩くばかりである。比丘たちよ、それと同じように、愚かなる凡夫は、聖者の法《おしえ》を見ず、聖者の法を知らず、聖者の法に順《したが》わず、色《しき》（現象《もの》）に執《しゅう》し、色をめぐっておなじ処を歩きまわり、いつまでも色を解脱せず、したがって苦を解脱することを得ないのである。

比丘たちよ、しかるに、すでに法を聞けるわたしの弟子たちは、よく聖者の法を見、聖者の法を知り、聖者の法に順って、色に執することなく、色をめぐりておなじ処を歩きまわらず、よく色を解脱するがゆえに、したがって苦を解脱することを得るのである。」

世尊は、さらに受《じゅ》についても、行《ぎょう》についても、想《そう》についても、識《しき》についても、同じように説かれた。

説きおわると、比丘たちは、世尊の所説を歓喜し、奉行《ぶぎょう》した。

第四篇

対機説法

第一章　拘薩羅にて

―若しとて軽んずるなかれ―

南伝　相応部経典　三、一　幼少
漢訳　雑阿含経　四六、一二二六

かようにわたしは聞いた。

ある時、世尊は、サーヴァッティー（舎衛城）のジェータ（祇陀）林なる園にあられた。その時、コーサラ（拘薩羅）国のパセーナディ（波斯匿《はしのく》）王は、世尊を訪れ、世尊に白《もう》して言った。

「世尊よ、あなたは無上の正等覚《さとり》を得られたと宣言せられるのであるか。」

「大王よ、その通りである。もし無上の正等覚を得たりと語りうる者あらば、それはわたしである。」

「されど世尊よ、僧伽《サンガ》をもち、多くの人々に師と仰がれ、名声の世に知られたる沙門《しゃもん》もしくは婆羅《ばら》門《もん》も少なくない。例えば、プラーナ・カッサパ（富蘭那迦葉）や、マッカリ・ゴーサーラ（末伽梨瞿舎羅）や、ニガンタ・ナータプッタ（尼乾陀若提子）や、サンジャヤ・ベラティプッタ（刪闍耶吠羅底子）や、カクダ・カッチャーヤナ（迦拠陀迦旃延）や、アジタ・ケーサカンバラ（阿耆多翅舎欽婆羅）などが、それである。だが、彼らもなお、無上の正等覚を得たというかと問われれば、然《しか》りとは言わない。ましてゴータマ（瞿曇）、あなたは、その年なお若く、出家してなお日も浅いではないか。」

「大王よ、若いからとて軽んじてはならない。世には、若いからとて軽んじてならぬものが四つあるという。大王よ、クシャトリヤ（武人、王族）は若いからとて軽んじてはならぬ。蛇は小さいからとて、侮《あなど》ってはならぬ。火は小さいからとて蔑《ないがし》ろにしてはならぬ。そして大王よ、比丘は若年なるの故をもって、蔑視してはならないのである。」

かく説かれてパセーナディ王は、世尊の言うところに承服し、世尊の教えを聞いて、それより生涯かわることなき優婆塞《うばそく》として、世尊に帰依《きえ》する者となった。

南伝　相応部経典　三、四　愛者
漢訳　雑阿含経　四六、一二二八

―自己を愛する者は誰か―

かようにわたしは聞いた。

ある時、世尊は、サーヴァッティー（舎衛城）のジェータ（祇陀）林なる園にあられた。その時、コーサラ国の王パセーナディ（波斯匿）は、世尊を訪れ来たり、世尊のかたわらに坐して、白《もう》して言った。

「世尊よ、わたしは、独り静かに坐して考えている時、ふと、このようなことを思った。真に自己《おのれ》を愛するというのは、どのようなことであろうか。自己を愛せぬというのは、どのようなことであろうか。世尊よ、そのことについて、わたしはかように考えたのであるが、いかがであろうか。

世尊よ、何びとにあれ、行為《おこない》において悪《あ》しき行為をなし、言葉において悪しき言葉を語り、その意《こころ》において悪しき思いをいだくならば、その人は、真に自己を愛する者ではないであろう。たといその人々が——わたしは自己を愛する——と言ったとしても、彼らは真に自己を愛する者ではないであろう。何となれば、彼らは、愛せぬ者が愛せぬ者に対してなすところのことを、彼ら自らに対してためしているのであるからである。それ故に、彼らは真に自己を愛する者とは思えないのである。

世尊よ、何びとにもあれ、行為において善き行為をなし、言葉において善き言葉を語り、その意において善き思いをいだくならば、その人は、まことに自己を愛する者であると思われる。たといその人々が——わたしは自己を愛しない——と語ったとしても、彼らこそ、真に自己を愛する者であると思われる。何となれば、彼らは、愛する者が愛する者に対してなすところのことを、彼らの自己に対してなしているのであるからである。されば彼らは、真に自己を愛する者であると思われるのである。」

「大王よ、その通りである。まったく、その通りである。何びとにあれ、身口意《しんくい》によりて悪業《あくごう》をなすものは、まことに自己を愛する者ではない。また何びとにあれ、身口意によりて善業をなすものは、彼らこそ、まことに自己を愛する者である。」
かく答えて、世尊はさらに、次のごとき偈《げ》を説かれた。
「おのれを愛すべきものと知らば、
おのれを悪に結ぶなかれ。
悪しき業をなす人々には、
安楽は得がたきものなればである。」

南伝　相応部経典　三、五　自護
漢訳　雑阿含経　四六、一二二九

―自己を護るものは何ぞ―

かようにわたしは聞いた。

ある時、世尊は、サーヴァッティー（舎衛城）のジェータ（祇陀）林なる園にあられた。その時、コーサラ国の王パセーナディは、世尊を訪れ来たり、世尊のかたわらに坐して、白《もう》して言った。

「世尊よ、わたしは、独り静かに坐して思いにふけっている時、ふと、このように考えた。自己を護るというのは、どのようなことであろうか。自己を護らぬというのは、どのようなことであろうか。世尊よ、そのことについて、わたしはこのように考えたのであるが、いかがであろうか。

世尊よ、何びとにあれ、行為《おこない》において悪しき行為をなし、言葉において悪しき言葉を語り、その意《こころ》において悪しき思いをいだくならば、彼は自己を護れる人ではないであろう。たとい彼が、象軍によりて護られ、騎兵によりて護られ、歩兵によりて守られ、戦車によりて守られていようとも、彼はよく自己を護ってはいないのである。何となれば、外なるこれらの守護《まもり》は、決して内なる守護でないからである。その故に、彼は真に自己を護る人であるとは言えないのである。

世尊よ、何びとにあれ、行為において善き行為をなし、言葉において善き言葉を語り、その意において善き思いをいだくならば、彼はよく自己を護れる人であるであろう。たとい彼は、象軍によりて、騎兵によりて、歩兵によりて、あるいは戦車によりて守られていなくとも、彼の自己はよく護られているのである。何となれば、内なるこれらの守護は、外なるそれらの守護にまさるからである。この故に、彼は真によく自己を護ると言うことができるのである。」

「大王よ、その通りである。まことに、その通りである。何びとにあれ、身口意によりて悪しき業をなすものは、よく自己を護る人ではない。何びとにあれ、身口意の三業において善き業をなすものは、彼こそ、よく自己を護る人であると言うことができる。」

かく答えて、世尊はまた、偈をもって、さらにこのように説かれた。

「身において自ら制するはよい。
語《ことば》において自ら制するはよい。
意において自ら制するはよい。

すべてにおいて自ら制するはよいかな。
すべてにおいて自らよく制する者は、
よく守られたる人と言われる。」

南伝　相応部経典　三、八　末利

―自己より愛《いと》しきはなし―

かようにわたしは聞いた。

ある時、世尊は、サーヴァッティー（舎衛城）のジェータ（祇陀）林なる園にあられた。その頃のある日のこと、コーサラ国の王パセーナディは、マリッカー夫人とともに高楼に登って、雄大な眺めをたのしんでいた。そのとき、王はふと夫人に問うて言った。

「マリッカーよ、そなたは自分自身よりも、もっと愛しいと思われる者があろうか。」

「大王、わたしには、自分よりももっと愛しいと思うものは考えられない。大王には、ご自分よりももっと愛しいと思われるものが、あるであろうか。」

「マリッカーよ、わたしにも、自分自身よりも愛しいと思われるものはない。」

そこで王は、高楼をくだって、世尊を訪れ、世尊に白《もう》して言った。

「世尊よ、今日わたしは、夫人のマリッカーとともに、高楼に登っていた時、ふと、彼女に、この世に自分自身よりも愛しいものがあろうか、と問うてみた。彼女は、自分自身よりも愛しいものは考えられぬ、と答えた。そして、わたしはどう思うかと問いかえしたが、わたしにも、自分自身よりもさらに愛しいものは考えることができなかった。そこで、わたしにも、自分自身よりも愛しいと思われるものはない、と答えるのほかはなかったのであるが、このことはいかがであろうか。」

世尊は、聞いてふかく首肯《うなず》き、さて偈をもって、このように教え説かれた。

「人の思惟《おもい》は何処《いずこ》へも行くことができる。
されど、何処へ行こうとも、
人は己れよりも愛しきものを見いだすことを得ない。
それと同じように、
すべて他の人々にも自己はこのうえもなく愛しい。
されば、
おのれの愛しいことを知るものは、
他《た》のものを害してはならぬ。」

—おのれを害《そこな》うもの—

南伝　相応部経典　三、二　人
漢訳　雑阿含経　四六、一九

かようにわたしは聞いた。

ある時、世尊は、サーヴァッティー（舎衛城）のジェータ（祇陀）林なる園にあられた。その時、コーサラ国の王パセーナディは、世尊を訪れ来たり、世尊のかたわらに坐して、白《もう》して言った。

「世尊よ、どのようなものが人の心の中に生ずる故に、人は苦しみ悩み、不安となるのであろうか。」

「大王よ、人々が苦しみ悩み、不安におちいるのは、三つのものが心の中に生じるからである。その三つとは、何であるか。大王よ、貪《むさぼ》りがそれであり、瞋《いか》りがそれであり、愚かさがそれである。この三つのものが、人の中に生ずるとき、その人は不幸となり、不安となり、苦しみ悩まねばならぬのである。」

かく説いて、世尊はまたさらに、偈をもって次のように教えた。

「むさぼりと、いかりと、おろかさと、
この悪しき心、うちに生じて、
おのれを害《そこな》うこと、あたかも
竹の果《み》を生じて倒るるがごとくである。」

第二章　部落《むら》の長《おさ》に

―大石は水に浮かず―

南伝　相応部経典　四二、六　西地人

かようにわたしは聞いた。

ある時、世尊は、ナーランダー（那羅陀）なるパーヴァーリカンバ（波婆離迦菴羅）林にましました。

その時、アシバンダカプッタ（刀師子）なる部落の長が、世尊を訪れ来たり、世尊を拝して、問うて言った。

「大徳《だいとく》よ、西の方より来たれる婆羅門《ばらもん》は・水瓶《すいひょう》を持ち・花環《はなわ》をつけ・水に浴し・火神につかえ、死せる人々を天界に昇らしめることができるという。大徳は、あまねく世人の尊敬を受けられる覚者《かくしゃ》であられるが、大徳もまた、人々の身壊《こわ》れ、命終わりて後、善趣《ぜんしゅ》天界に上生《じょうしょう》せしめることを得るであろうか。」

「部落の長よ、では、私から、なんじに問うてみたい。なんじの思うとおりに答えてみるがよい。部落の長よ、なんじはこれをいかに思うであろうか。ここに一人の人があって、人を殺し、物を盗み、偽《いつわ》りを言いなど、あらゆる邪《よこし》まの業をなしたとするがよい。そこに大勢の人々が集まり来たって、――この人死して後は善趣天界に生まれるように――と、祈禱し、合掌したとするならば、なんじはいかに思うか。この人は、この大勢の祈禱合掌の力によって、死後、天界に生まれることができるであろうか。」

「大徳よ、いいえ、彼は天界に生まれることはできますまい。」

「部落の長よ、たとえば、ここに一人の人があって、深き湖の水の中に大きな石を投じたとするがよい。そのとき、そこに大勢の人々が集まり来たって、――大石よ、浮かびいでよ、浮かび上がって、陸にのぼれ――と、祈禱し、合掌して、湖のまわりを回ったとするならば、なんじはいかに思うか。その大なる石は、大勢の人々の祈禱合掌の力によって、浮かびいでて陸にあがるであろうか。」

「大徳よ、いいえ、大きな石が浮かびいでて陸にあがるはずはありません。」

「それと、同じことである。あらゆる邪悪の業をつんできたものが、いかに祈禱し合掌したからとて、死後、天界におもむく道理はない。その人は、身壊れ、命終わりて後は、悪趣《あくしゅ》地獄に生まれるのほかはないのである。

　では部落の長よ、さらに、なんじは、このような揚合には、いかに思うであろうか。ここにまた、一人の人があって、生きものを害せず、人の物を盗まず、偽りを語らず、あらゆる善き業をつんだとするがよい。しかるに、大勢の人々が集まり来たって、この人死して後は悪趣地獄に生まれるようにと、祈禱し、合掌したとするならば、どうであろうか。なんじはいかに思うか。この人は、人々の祈禱合掌の力によって、死後は地獄に生まれなければならぬであろうか。」

「大徳よ、いいえ、そのような人が地獄に落ちるはずはありません。」

「その通りである。たとえば、ここに一人の人があって、深き湖の水の中に、油のつぼを投じたとするがよい。そして、つぼは割れ、油は水の面に浮いたとするがよい。その時、大勢の人々が集まり来て――油よ沈め、油よ沈め、なんじ油よ、水の底にくだれ――と、祈りをなし、合掌して、湖のまわりを回ったとするならば、なんじはいかに思うか。その油は、人々の合掌祈禱の力によって、沈むであろうか。」

「いいえ。大徳よ、油が水の底に沈むはずはありません。」

「それと、同じことである。あらゆる正善の業をつんできたものは、いかに祈ったからとて、合掌したからとて、その力によって死後、地獄におもむくはずはない。その人は、身壊れ命終わりて後は、善趣天界におもむくこと必定《ひつじょう》である。」

かく教えられた時、部落の長は、世尊に白《もう》して言った。

「よいかな大徳よ、譬《たと》えば、倒れたるを起こすがごとく、覆《おお》われたるを啓《ひら》くがごとく、迷える者に道を示すがごとく、また眼ある者は見よとて、暗《くらやみ》の中に燈火《ともしび》をもたらすがごとく、世尊は種々の方便をもって、法を説き示された。願わくは、今日より終世かわることなき帰依の信者として、私を許し受けられんことを。」

――善き田、悪しき田――

南伝　相応部経典　四二、七　説教

かようにわたしは聞いた。

ある時、世尊は、ナーランダー（那爛陀）なるパーヴァーリカンバ林にましました。その時、アシバンダカプッタなる部落の長が、世尊を訪れ来たり、世尊を拝して、問うて言った。

「大徳よ、あまねく世人の尊敬を受けられる覚者は、すべての人に対して慈悲の心をもち、すべての人を利益《りやく》せんとの心をもっていられるのであろうか。」

「その通りである。部落の長よ、如来は一切の生類《せいるい》に対して、利益する心、慈悲の心をもっている。」

「しかるに、いま大徳は、ある人々のためには詳しく法を説き、ある人々のためには、そのように詳しく法を説かれないのは、なぜであろうか。」

「部落の長よ、なんじは、このような揚合に、いかに思うか。ここに一人の農夫があって、彼に三つの田があるとするがよい。その一つの田は勝《すぐ》れたる美田であり、他の一つは中等の田であり、さらにいま一つの田は、悪質の砂地であって、塩分を含んでいるとする。それらの田に対して、この農夫は、種子《たね》をまかんとするには、まず、いずれの田より始めるであろうか。」

「大徳よ、彼は、むろん、勝れたる美田にまず種子をおろすであろう。それが終わって、次には中等の田に種子をおろし、砂地の田には最後に種をまくか、あるいは、まったく放置しておくであろう。何となれば、そこに種子をまいたからとて、牛の飼料《しりょう》がとれるぐらいのものであるからである。」

「部落の長よ、その勝れたる美田にたとえられるのは、比丘《びく》・比丘尼《びくに》たちのことである。彼らに対しては、私は、はじめも善く、中ごろも善く、終りも善く、義も文もととのった、完全にして清浄なる法を説くであろう。それは何故《なにゆえ》であろうか。部落の長よ。彼らは私を燈明となし、私を依処《えしょ》としているからである。

また、部落の長よ、中等の田というのは、私の在俗の信男・信女をたとえて言ったのである。彼らに対してもまた、私は、はじめも善く、中ごろも善く、終りも善く、義理も文言《もんごん》もととのった、完全にして清浄なる法を説くのである。何となれば、部落の長よ、彼らもまた、私を燈明とし、私を依処としているからである。

部落の長よ、また、悪質にして砂地の田にたとえたのは、外道の沙門や婆羅門たちのことである。彼らのためにも、私はまた、はじめも善く、中ごろも善く、終りも善く、義と文ともにととのった、完全にして清浄なる法を説くであろう。だが、願うところは、あるいは彼らもまた、その中の一句にても了解せば、それは彼らにとって、ながく利益となるであろう、というにあるのである。

部落の長よ、それはまた譬うれば、三つの水瓶にもなぞらえることができよう。二つの水瓶は、ひびのない水のもらぬ瓶《びん》であり、一つの水瓶は、ひびがあって、水が滲《し》みて漏《も》れるとするがよい。

その時、人はまず、いずれの瓶に水を貯わえんとするであろうか。」

「大徳よ、むろん、人はまず、第一および第二の水瓶に水を貯わえるであろう。そして、ひび割れて滲《し》みもれる水瓶には、余分の水でもあれば、器を洗う分でも残ればよいがと入れておくであろう。」

「部落の長よ、第一の水瓶というのは、私の比丘や比丘尼のことである。第二の水瓶というのは、私の在俗の信男・信女のことである。そして、ひび割れて水の漏れる瓶というのは、私にとって、外道の沙門や婆羅門のことである。彼らもまた、あるいは私の説く法のなかの一句にても了解することを得ば、そは彼らにとって、ながく利益となることもあろう、というのが私の心である。」

南伝　相応部経典　四二、一　暴悪
漢訳　雑阿含経　三二、九一〇

──暴悪と柔和について──

かようにわたしは聞いた。

ある時、世尊はサーヴァッティー（舎衛城）のジェータ（祇陀）林なる給孤独《ぎっこどく》の園にあられた。その時、「暴悪」とよばれる一人の部落の長が、世尊を訪れ来たり、世尊を拝して、問うて言った。

「大徳よ、人々はわたしを暴悪である、乱暴者であるというが、一体、人はいかなる因によって暴悪となるのであろうか。世には柔和であると言われる人もあるが、一体、人は何によって柔和となるのであろうか。」

「部落の長よ、もし人がいまだ貪欲《とんよく》を捨てなかったならば、彼は貪欲によって、他人を怒らしめ、他人の怒りにあって、自らもまた怒りを現わすであろう。その時、彼は暴悪と呼ばれねばならぬ。またもし、人がいまだ瞋恚《いかりのこころ》をすてなかったならば、彼はその故によって他人を怒らしめ、他人の怒りにあって、自らもまた怒りを現わすであろう。その時、彼は暴悪と呼ばれねばならぬ。あるいはまた、もし人が、いまだ愚癡《おろかさ》を捨てなかったならば、彼はその故に他人を怒らしめ、他人の怒りにあって、彼もまた怒りを現わすであろう。その時、彼は、乱暴者と称せられねばならぬのである。

しかるに、部落の長よ、もし人がよく貪欲をすて、瞋恚をすて、愚癡をまぬかれたならば、その因によって、彼は他人を怒らせることもなく、他人の怒りにあうこともないが故に、また自ら怒りを現わすこともないであろう。その時、彼は柔和であると称せられるのである。」

かように世尊が教え示されたとき、かの「暴悪」といわれる部落の長は、暗《くらやみ》の中に燈火を与えられたる思いをなし、世尊のまえに終生の帰依を表白して、在俗の信者となった。

第三章　善き友、悪しき友

―陽《ひ》の出ずるきざし―

南伝　相応部経典　四五、四九　善友

かようにわたしは聞いた。

ある時、世尊は、サーヴァッティー（舎衛城）のジェータ（祇陀）林なる給孤独の園にあられた。

その時、世尊は比丘たちを呼び、比丘たちに説《い》いて言われた。

「比丘たちよ、なんじらは、朝、太陽の出ずる時のさまを知っているであろう。太陽の出ずるに当たっては、まず東の空が明るくなってくるであろう。すなわち、東の空の明《あか》らむは、陽《ひ》の出ずるきざしであり、太陽の昇る先駆《せんく》である。比丘たちよ、それと同じように、なんじら比丘が、八つの正しき道を起こすときにも、その先駆があり、きざしがあるのである。それは善き友のあることである。

比丘たちよ、善き友をもてる比丘においては、彼が八つの正しき道を修め習い、成就するであろうこと、期して俟《ま》つことができるであろう。」

―ここに一法あり―

南伝　相応部経典　四五、六三　善友

かようにわたしは聞いた。

ある時、世尊は、サーヴァッティー（舎衛城）のジェータ（祇陀）林なる給孤独の園にあられた。

その時、世尊は、比丘たちを呼び、比丘たちに教えて言った。

「比丘たちよ、ここに一つの法があって、それは八つの正しき道を起こすに利益が多いであろう。では、その一つの法というのは何であろうか。それは善き友を有するということである。

比丘たちよ、善き友を有する比丘にありては、彼が八つの正しき道を修め、習い、成就するであろうこと、期して俟《ま》つことができるであろう。」

―なかばにあらず―

南伝　相応部経典　四五、二　半及び三　舎利弗
漢訳　雑阿含経　二七、七二六

かようにわたしは聞いた。

　ある時、世尊は、釈迦族のサッカラという村にあられたことがあった。その時、アーナンダ（阿難）は世尊のあられる処にいたり、世尊を拝し、世尊に白《もう》して言った。

「大徳よ、私どもが善き友、善き仲間を有するということは、これは、聖なる修行のすでになかばを成就せるにひとしいと思うが、いかがであろうか。」

かく問われて、世尊は答えて言った。

「アーナンダよ、そうではない。そのような考え方をしてはならぬ。アーナンダよ、善き友、善き仲間を有するということは、これは聖なる修行のなかばではなくして、そのすべてであるのである。アーナンダよ、善き友をもち、善き仲間の中にある比丘においては、八つの聖なる道を修習し、成就するであろうことは、期して俟《ま》つことができるのである。

　アーナンダよ、このことによっても、それを知ることができるではないか。

　アーナンダよ、人々はわたしを善き友とすることによって、老いねばならぬ身にして老いより解脱し、病まねばならぬ身にして病より解脱し、死なねばならぬ人間にして死より解脱することを得ているのである。このことによっても、アーナンダよ、善き友をもち、善き仲間にあるということは、聖なる修行のすべてであると知るべきである。」

二

かようにわたしは聞いた。

ある時、世尊は、サーヴァッティー（舎衛城）のジェータ（祇陀）林なる給孤独の園にあられた。

その時、サーリプッタ（舎利弗）は世尊のもとにいたり、世尊を拝し、世尊に白《もう》して言った。

「世尊よ、私どもが善き友、善き仲間を有するということは、これは聖なる修行のすべて成るにひとしいと思うが、いかがであろうか。」

かく問われて、世尊は答えて言った。

「よいかな、サーリプッタよ、その通りである。善き友をもち、善き仲間にあるということは、これは、聖なる修行のすべて成るにひとしいと言うことができる。サーリプッタよ、善き友をもち、善き仲間の中にある比丘にありては、八つの聖なる道を修め習い、これを成就するであろうことは、期して俟つことができるであろう。

サーリプッタよ、それは、この理《ことわり》によっても知ることができるであろう。サーリプッタよ、人々は、わたしを善き友とすることによって、老いねばならぬ人間でありながら、老いより解脱する。病まねばならぬ人間でありながら、病より解脱しておる。また、死なねばならぬ人間にして、死より解脱することを得ているのである。このことによっても、サーリプッタよ、善き友をもち、善き仲間の中にあるということは、聖なる修行のすべてであると知ることができるのである。」

―外の因と内の因―

南伝　増支部経典　一、一〇

かようにわたしは聞いた。
ある時、世尊は、サーヴァッティー（舎衛城）のジェータ（祇陀）林なる給孤独の園にあられた。
その時、世尊は、比丘たちを呼び、比丘たちのために説いて、かように教えられた。
「比丘たちよ、わたしは、わが外の人においてなる因として、かほどにも大なる不利をもたらすものは、他に一因をも見ることを得ない。それは、すなわち友の悪しきことである。比丘たちよ、友悪しければ大なる不利を来たすのである。

比丘たちよ、わたしは、わが外の人においてなる因にして、かように大なる利をもたらすものは、他に一因をも見ることを得ない。比丘たちよ、それは何であろうか。それは友の善きことである。比丘たちよ、友の善きことは、まことに大なる利を来たすのである。

比丘たちよ、わたしは、わが中においてなる因にして、かようにも大なる不利をもたらすものは、他に一因をも見ることを得ない。比丘たちよ、それは何であろうか。それはすなわち、善からぬことを行ないて、善きことを行なわざることである。比丘たちよ、それは、はなはだ大なる不利を自己にもたらすのである。

比丘たちよ、わたしはわたしの中においてなる因にして、かほどにも大なる利をわれにもたらすものは、他に一因をも見ることを得ない。比丘たちよ、それは何であろうか。それはすなわち、善きことを行ないて、善からぬことを行なわざることである。比丘たちよ、それは、まことに大なる利を自己にもたらすのである。」

―自己を護らるべし―

南伝　相応部経典　三、一八　不放逸
漢訳　雑阿含経　四六、一二三八

かようにわたしは聞いた。

ある時、世尊は、サーヴァッティー（舎衛城）のジェータ（祇陀）林なる給孤独の園にあられた。その時、コーサラ（拘薩羅）の国王パセーナディ（波斯匿《はしのく》）は、世尊を訪れ来たって、世尊に白《もう》して言った。

「世尊よ、わたしは、独り静かに坐して考えていた時、このような考えが浮かんで来た。――世尊によりて、善き法が説かれている。それは善き友、善き仲間をもつということであって、悪しき友、悪しき仲間をもつことではない――と、そのような考えが浮かんで来たのであるが、いかがであろうか。」

「大王よ、その通りである。まことに、その通りである。大王よ、わたしによって法は善く説かれてある。それは、善き友、善き仲間をもつことであって、悪しき友、悪しき仲間をもつことではない。

それ故に、王は、このように学ばなければならぬ。――わたしは善き友、善き仲間をもつものとならねばならぬ――と、つねに、そのように学ばねばならぬのである。

では、大王よ、善き友、善き仲間をもつためには、いかにすればよいであろうか。それには、この一つの法に住しとどまらねばならぬ。すなわち、善きことにおいて放逸《ほういつ》ならざることがそれである。

大王よ、王が放逸ならず、よく努めらるるならば、王の後宮《こうきゅう》の人々もまた、かように考えるであろう。――王はよく努められる。われらもまた、放逸ならずして、努めなければならぬ――と。

大王よ、王が放逸ならずして、よく努められるならば、王の侍臣《じしん》、武士たちも、またかように考えるであろう。――王はよく努められる。われわれもまた、放逸ならず、努めなければならない――と。

大王よ、また、王が放逸ならず、よく努めらるれば、王の民もまた、かく考えるであろう。――王さまはよく努めておられる。われわれもまた、怠らず、努めなければならない――と。

大王よ、かくのごとく、王が放逸ならずして、よく努められるならば、自己もよく護られ、後宮もよく護られ、王の庫蔵《くら》もまたよく護られるであろう。」

第四章　善き師、悪しき師

南伝　長部経典　一二　露遮経
漢訳　長阿含経　一七　露遮経

一

かようにわたしは聞いた。

あるとき世尊は、五百の比丘たちとともにコーサラ（拘薩羅）国をめぐり、サーラバティ（娑羅婆提）という村に入った。この村は、草木おいしげり、水利便にして、五穀ゆたかに、人々は生気に充ちていた。婆羅門《ばらもん》ローヒッチャ（露遮）は、この国の王パセーナディ（波斯匿）より浄施《じょうせ》としてうけ、この村を領していた。

その頃、ローヒッチャ婆羅門は、かような悪しき見解をいだいていた。「沙門もしくは婆羅門が善き法を知っても、その証知せる善き法を、他の人々のために説くべきではない。なんとなれば、人は他の人々のために何をなしえようか。それはふるき縛《いましめ》を解いて、さらに他の新しい縛を施すにひとしい。かかることは貪欲の悪しき法であると私は主張する」と。

その時、ローヒッチャ婆羅門は、人々の噂を聞いた。――釈迦族から出た沙門ゴータマは、コーサラ国を遊行《ゆぎょう》し、五百人の比丘たちとともに、いまこの村に到着した。かの世尊ゴータマの名は天下にあまねくして、「世尊は応供《おうぐ》である、等正覚《とうしょうがく》である。仏陀であらせられる」と称せられる。宜しく往《ゆ》いてかかる仏陀を見るべきである――と。そこで、かの婆羅門は剃頭師《ていずし》ベーシカなるものに命じて、世尊のもとに到り、告げて言わしめた。

「ゴータマよ、婆羅門ローヒッチャは、世尊の無病息災にあらせらるるやを伺いたてまつる。なお、婆羅門ローヒッチャは、明日、世尊のために饗《もてなし》をなしたいと思う。願わくは比丘衆とともに受けたまえ。」

世尊は、黙然として、この請待《しょうたい》を受けた。その翌朝、ベーシカの迎えをうけて、世尊は、比丘たちとともに、かの婆羅門の家におもむいた。その途上、ベーシカは世尊の後ろにしたがい、世尊に白《もう》して言った。

「世尊よ、婆羅門ローヒッチャは、かような悪しき見解をいだいておる。沙門あるいは婆羅門は善き法を証知しても、それを他人のために説くべきではない。なんとなれば、人は他人のために何をかなし得ようぞ。それは古き縛を解いて、新しき縛を与えるに等しい。かかることをなすは、貪欲の悪しき法である、というのである。願わくは世尊よ、婆羅門ローヒッチャのこの悪見を除かしめたまえ。」

二

やがて世尊は、かの婆羅門の家において供養の饗をうけた。饗が終わって、さて世尊は、かの婆羅門に言った。

「ローヒッチャよ、なんじは、沙門あるいは婆羅門はよき法を証知しても、それを他の人のために説くべきではない、人は他の人のために何をなし得ようか、との見解をいだいておるというが、そうであろうか。」

「ゴータマよ、そうである。」

「ローヒッチャよ、ではなんじは、これをいかに考えるであろうか。なんじはサーラバティ村を領しておるであろう。」

「ゴータマよ、そうである。」

「では、ローヒッチャよ、もしここに人ありて、婆羅門ローヒッチャはこの村を領しておるがゆえに、この村の生産はひとり彼のみが享有すべきものにして、他の人に与うべきでない、と主張する者があったとせば、彼は、なんじによって生活している人々にとって、障害者ではなかろうか。」

「ゴータマよ、その通りである。」

「ローヒッチャよ、障害者たるものは、彼らにたいして利益恩恵をもたらす者であろうか、もたらさぬ者であろうか。」

「ゴータマよ、彼は利益をも恩恵をも、もたらさぬ。」

「彼らに利益をも恩恵をももたらさぬ彼は、彼らに対して慈心をいだける者であろうか、それとも、害心をいだいているのであろうか。」

「ゴータマよ、彼は害心をいだいているのである。」

「害心をいだくは、邪見であろうか。正見《しょう》であろうか。」

「ゴータマよ、それは邪見である。邪《よこし》まなる思いである。」

「かくのごとく、ローヒッチャよ、もし人ありて、婆羅門ローヒッチャはこの村を領し、この村の生産はひとり彼のみの享有すべきものにして、他の人に頒《わか》つべからず、と説くものがあったならば、彼は邪見をいだく者である。それと同じくローヒッチャよ、もし人ありて、沙門もしくは婆羅門がよき法を知りえても、それを他の人のために説くべきではない、人は他人のために何をなし得ようか、と説く者があったならば、彼は障害者であり、害心をいだく者であり、邪見をいだく者であると、わたしは言わねばならぬ。」

三

「またローヒッチャよ、なんじはこれをいかに思うであろうか。この国の王パセーナディ（波斯匿）は、この国を領しているであろう。しかるに、もしここに人あって、この国の王パセーナディは、この国を領するが故に、この国の生産はひとり王のみの享有すべきものであって、他の人に頒ち与うべきではない、と説く者があったならば、この人は、王によって生活しているなんじや、その他の人々にとって、障害者ではないか。」

「ゴータマよ、その通りである。」

「ローヒッチャよ、障害を与える者は、彼らに対して、利益恩恵をもたらす者であろうか、もたらさぬ者であろうか。」

「ゴータマよ、彼は利益をもたらさない。」

「利益をも恩恵をももたらさぬ者は、彼らに対して、慈心をいだける者であろうか、それとも害心をいだける者であろうか。」

「彼は害心をいだける者である。」

「害心をいだくことは、正しい考え方であろうか、邪まな考え方であろうか。」

「それは邪まな考え方である。彼は邪見をいだける者である。」

「かくのごとく、ローヒッチャよ、もし人あって、この国の王パセーナディはこの国を領し、この国の生産はひとり王のみの享有すべきものにして、他人に頒ち与うべからず、と説く者があったならば、彼は邪見をいだく者である。それと同じくローヒッチャよ、もし人あって、沙門もしくは婆羅門がよき教法《おしえ》を知りえても、それを他人のために説くべきではない、人は他人のために何をなしえようぞ、と説く者があったならば、彼は障害者であり、害心をいだく者であり、間違った考え方をしている者であると、わたしは言わねばならない。」

四

「ローヒッチャよ、世には、非難せらるべき三つの師がある。三つの師とは何であろうか。

ローヒッチャよ、ここに一人の師があって、彼は出家し修道しながら、いまだその目的を証得することなく、しかも弟子たちに法を説いて、これはなんじらの利益となるであろう、これはなんじらに幸福《さいわい》をもたらすであろうという。だが弟子たちは、彼の言《ことば》に耳を傾けず、道にいそしむ心をおこさず、師の教えをはなれてゆく。かかる師は非難せられねばならぬ。彼のなすところは、あたかも、逃げんとする女に熱中し、顔を背《そむ》くる女を抱かんとするがごとくである。それは貪欲の悪法であると、わたしは説く。なんとなれば、かかる人は他の人のために何をなしえようか。

ローヒッチャよ、ここにまた一人の師があって、彼は出家し修道して、いまだその目的を成就することなく、しかも弟子たちに法を説いて、これはなんじらの利益となるであろう、これはなんじらに幸福をもたらすであろうという。弟子たちは、よく彼の言をきき、耳を傾け、菩提心をおこし、師の教えにしたがっていそしむ。だが、かかる師もまた非難せられねばならぬ。彼のなすところは、あたかも、おのれの畑を耕すことをうち棄てて、他人の畑の草とりをせんと思うにひとしい。それも貪欲の悪法であると、わたしは説く。なんとなれば、かかる人が他の人々のために何をなすことができようか。

ローヒッチャよ、ここにまた一人の師があって、彼は出家し修道して、よくその目的を証得することを得、さて弟子たちのために法を説いて、これはなんじらに利益となるであろう、これはなんじらに幸福をもたらすであろうという。だが、弟子たちは彼の言をきかず、耳を傾けず、道にいそしむ心なくして、師の教えをはなれてゆく。かかる師もまた、非難されねばならぬ。彼のなすところはあたかも、古き縛をといて新しき縛を施そうとするにひとしく、それもまた貪欲の悪法であると、わたしは説く。なんとなれば、かかる人が他の人々のために何をなし得ようか。

ローヒッチャよ、彼らは世に難ぜられる三つの師であって、かかる師を難ずる者は、その故《ことわり》あって、罪はないのである。」

かく説かれて、ローヒッチャは、世尊に問うて言った。

「しからば、ゴータマよ、世には難ずべからざる師があろうか。」

「ローヒッチャよ、世には難ずべからざる師がある。」

「しからば、ゴータマよ、それはいかなる師であろうか。」

「ローヒッチャよ、いま世に如来は出現した。如来は応供である。明行足《みょうぎょうそく》である、仏陀である。世間一切のことを独自に証悟して、これを人々のために説く。その語るや、初めもよく、中もよく、終りもよく、義理と文言をともに具足した教法《おしえ》を宣《の》べ、かつ清浄なる実践をば教える。その弟子たちは、如来の教法をきき、如来に対する信をいだき、出家して道にいそしみ、よく戒を持し正行《しょうぎょう》にはげみ、諸欲を滅しつくして、寂静不動の境地にいたる。ローヒッチャよ、かかる師は世に難ずべからざる師である。」

かく説かれたとき、婆羅門ローヒッチャは、世尊に白《もう》して言った。

「ゴータマよ、あたかも人あって、地獄に堕ちんとするを、頭髪をつかんで救いあげるがごとく、そのように世尊はわたしを救い出して地上に安立せしめたもうた。わたしは、いま、世尊と法と比丘衆とに帰依したてまつる。世尊よ、願わくは、今日よりはじめて命終わるまで、わたしを在俗の信者として摂取したまえ。」

第五章　有限なるもの

南伝　中部経典　八二　頼吒和羅経
漢訳　中阿含経　一三二　頼吒和羅経

一

かようにわたしは聞いた。

ある時、ラッタパーラ（頼吒和羅）は、クル（拘楼）の王コーラヴィヤ（拘牢婆）の所領の鹿苑《ろくおん》に入って、一本《もと》の樹の下に真昼の暑さを避けて憩《いこ》うていた。そのとき、王の猟師は、鹿苑に来たってラッタパーラの姿を見、王のもとに到って報じて言った。

「大王よ、わたしが鹿苑の掃除に参りますと、一人の沙門が樹の下に憩うておりました。何者ならむと、よく見れば、大王が日ごろ称讃せられる、トゥッラコッティタ（鍮蘆积）聚落《むら》の第一の良家の息子ラッタパーラの出家のすがたでありました。彼はいま、日中の暑さを避けて、一本の樹の下に憩うております。」

「では、彼に供養しよう、供養の用意をせよ。」

そして王は、車を駆って鹿苑にいたった。苑にいたると、車をすて、従者を去らしめ、ラッタパーラの坐する処にいたって、うれしい挨拶をかわし、感銘ふかい談話をとりかわした。

二

「尊者よ、私はこのように聞いておる。人々が髪を剃り、粗衣をまとい、家庭生活をすてて家なき生活へと出家するのは、四つの衰亡《おとろえ》によるのである。四つの衰亡というのは第一には老いであり、第二には病であり、第三には財産のおとろえであり、第四には親族のおとろえである。

尊者よ、ここにある人があり、年老い、老いおとろえ、齢《よわい》かたむきて、さて思うには——われ今や、年老い齢かたむき、もはや未得の財を得ることも、また、すでに得たる財を増すことも容易ならぬ。いざ我れ剃髪《ていはつ》し、袈裟衣《けさえ》をつけて出家せばや——と。そして、彼は出家する。これが老いの衰亡である。しかるに尊者は、今なお若くして髪黒く、多幸の青春をたもち、尊者にはこの衰亡はない。いったい尊者は、何を知り、何を聞いて、出家したのであるか。

尊者よ、また、ここにひとりの人があり、病を得て苦しみ、容易に癒えがたく、さて思うには——われ今や、病みて癒えがたく、もはや財を得ることも、また既得の財を増すことも容易でない。このうえは、いざ我れ、髪を剃り、袈裟衣をつけて、出家しよう——と。かくて彼が出家したならば、それは病の衰亡によるというものである。しかるに尊者はいま、病悩もなく、きわめて健康であって、尊者には、この衰亡も見うけられぬ。いったい、尊者は何を知り、何を見、何を聞いたがゆえに、出家せられたのであるか。

尊者よ、また、ここに人があり、富みて大財をいだいていたのに、いまやその財はしだいに減少する。そこで思うには、——私はかつて大いに富み、大財をいだいていた。しかるに今、わが財はしだいに減少する。いまや私は、財を得ることも、財を増すこともできない。このうえは、髪を剃り、袈裟衣をまとい、出家するにしくはない——と。かくて、彼が出家すれば、これが財の衰亡による出家である。しかるに尊者は、この聚落の第一の良家の子であり、この衰亡もあろうはずがない。いったい、尊者は、何を知り、何を見、何を聞いて、出家せられたのであろうか。

尊者よ、さらにまた、ここに人があり、多くの親族、友人をもっていたのに、いまやその親族も友人も、しだいに減じてゆく。そこで思うには、——私はかつて、多くのよい友人や親族をもっていた。しかるに今、彼らはしだいに減ってゆく。いまや私は財を得ることも、また財をふやすことも、容易ではなくなった。このうえは、剃髪し、袈裟衣をきて、出家するのほかはない——と。そして彼が出家すれば、これが親族の衰亡による出家である。しかるに尊者は、この聚落に多くのよき親族、友人があり、この衰亡もありとは思えない。尊者はいったい、何を知り、何を見、何を聞いて、出家せられたのであろうか。」

「大王よ、わたしは、かの正覚者《しょうがくしゃ》であられる世尊によって、四つのことを教えしめされ、それを聞き、知り、かつ見ることを得て、在家の生活よりいでて、出家の生活に入ったのである。大王よ、その四つとは、第一には、『この世は堅固ならず』ということ、第二には、『この世は無護《むご》である』ということ、第三には、『この世は所有なし』ということ、そして、第四には、『この世は足ることなし』ということであって、私はそれらのことを教えられ、聞き、知り、かつ見ることを得たがゆえに、家をすてて、髪を剃り、袈裟衣をつけて出家したのである。」

三

「尊者よ、この世は堅固ならずと言われるのは、いかなる意味であるか。」

「大王よ、あなたは若かりしころには、臂力《ぴりょく》人にすぐれ、乗馬にも、弓にも、刀にも巧みであり、よく戦われたであろう。」

「尊者よ、その通りである。私も若いときには、力もつよく、乗馬も、弓矢も、剣術も巧みで、よく戦うことができたものであった。」

「大王よ、ではあなたは、今日でもなお昔のごとくであられ、よく戦うことができるであろうか。」

「尊者よ、今はもうそうはいかぬ。私はもう八十歳をこえて、歩くにもよろよろすることがある。」

「大王よ、世尊はそれを、この世は堅固ならず、この世ははかないものであると説かれたのであって、私はそれを聞き、それを知って、出家したのである。」

「なるほど、尊者よ、世尊がこの世は堅固ならずと説かれたことは、まことにその通りである。まことにこの世ははかないものである。だが尊者よ、わが王家には多くの軍勢があって、わたしの艱《かん》難《なん》の際には、私の守護の役目を果たしておる。しかるに、尊者がこの世は無護であると言われるは、いかなる意味であろうか。」

「では大王よ、このような場合を考えてみられるがよい。大王もときどき病気をせられたことがあるであろう。」

「尊者よ、わたしは慢性の痛風があって、先日も、ひどくわずらい、みんな心配して集まってきて、わたしの最後ではないかと大さわぎであった。」

「大王よ、その時あなたは、彼らをして、あなたの病の苦しみを分かたしめ、あなたの苦しみを軽くすることでもできたであろうか。それとも、あなただけでその苦しみを受けねばならなかったであろうか。」

「むろん、尊者よ、いくら私が、なんじらわが苦しみを分かて、わが痛みを軽減せよ、といったからとて、それは無理というものである。わたしの病の苦しみは、私だけで苦しむよりほかはない。」

「大王よ、それを世尊は、この世は無護である、この世には真のよるべはないと説かれたのである。そして私は、それを聞き、それを知って、出家したのである。」

「なるほど尊者よ、世尊が、この世は無護である、この世にはよるべはない、と説かれたことは、まことにその通りである。まことに希有なる教えであると思う。だが、尊者よ、わが王家には、いくたの金銀財宝を蔵しておる。しかるに尊者は、この世に所有なし、一切は捨てねばならぬと言われるのは、いかなる意味であろうか。」

「大王よ、では、このようなことを考えてみられるがよい。なるほど大王は王家にいくたの金銀財宝を蔵せられ、この世におけるあらゆる欲楽を満足しておられるが、では大王は、かの世においても、今とおなじように、あらゆる欲楽をたのしむことができると考えておられるか。」

「尊者よ、そうではない。わたしの死後には、わが王家の蔵する金銀財宝は、もはや私のものではなく、当然、何びとかの所有に帰せねばならぬ。そしてわたしは、私の所業にしたがって、ひとりあの世にゆかねばならない。」

「大王よ、それを世尊は、この世に所有なし、一切は結局すてねばならぬと説かれたのである。そして私は、それを聞き、それを知って、かく出家したのである。」

「尊者よ、なるほど、世尊がこの世に所有なし、一切は捨てねばならぬと仰せられたことは、まことに尤もな教えであると肯《うなず》くことができる。では尊者よ、この世は足ることなしと言われるのは、いかなる意味であろうか。」

「大王よ、では、このような場合、王はいかに考えられるか。大王よ、あなたのクル国は殷盛《いんせい》をきわめている。しかるに、ここに王の信頼する人が東方より来って、——大王よ、東の方に富み栄えたる国がある。そは、かくかくの武力をもって、征服することを得るであろう。大王よ、いざその国を征服したまえ。——と言上したとするならば、あなたはいかになされるか。」

「尊者よ、わたしはそれを征服しよう。」

「大王よ、では、さらに西の方よりも、また南の方よりも、また北の方よりも、おなじく王の信頼する人々が来って、おなじことを言上したとするならば、あなたはいかになされるか。」

「尊者よ、わたしはそれらを、ことごとく征服する。」

「大王よ、世尊はそれを、この世は足ることなく、飽くことを知らぬと説かれたのである。そして私は、それを聞き、それを知って、かく出家したのである。」

「希有なるかな、尊者よ、世尊が、この世は足ることなく、飽くことなしと教えたまえることは、まことにご尤《もっと》もである。」

そこで、ラッタパーラは、おなじ趣旨を、ふたたび偈をもって説いた。その最後の句は、

「これを見て、われは出家したのである。

大王よ、まこと沙門の道こそ勝れている。」

と結ばれた。

第六章　尊敬に値いす

南伝　中部経典　八九　法荘厳経
漢訳　中阿含経　二一三　法荘厳経

一

かようにわたしは聞いた。

あるとき、世尊は、サーキャ（釈迦）族のメーダルンバ（弥婁離）という聚落にとどまり住しておられた。その時、コーサラ（拘薩羅）国の王パセーナディ（波斯匿）は、ナンガラカ（邑名城）に到り、華麗な車を駆って、美しい宮苑の景色をたのしんでいたが、ふと一本の樹のもとに立ちとどまって、世尊のうえに思慕の念をはせた。

「この樹下は、心地よく、愉しく、静かであって、黙念するに適している。このような樹下において、わたしはかつて、かの世尊に奉侍したことがあった。」

そして彼は、侍者をかえりみて、「かの応供、等正覚者なる世尊は、いま、いずこにおわしますであろうか。」と問うた。

「大王よ、メーダルンバなる釈迦族の聚落があり、かしこに今、かの応供、等正覚者なる世尊はいましたもう。その聚落は、ここよりははなはだ遠からず、今日のうちに到りうるであろう。」

そこで王は、ふたたび車を駆って、その日のうちにその聚落にいたり、かの世尊のいます園林《えんりん》を訪れた。精舎《しょうじゃ》はすでに門を閉ざしていたが、彼は玄関に入って、謦咳《けいがい》して門をたたいた。世尊が門をひらき給うたとき、王は世尊の足を頂礼《ちょうらい》し、世尊の足に吻《くちづけ》して、手をもって擦《さす》りながら、名を告げて言った。

「世尊よ、わたしはコーサラ国のパセーナディである。世尊よ、わたしはパセーナディである。」

二

世尊は王に問うて言った。

「王よ、おんみはいかなる理由によって、この私に、最高の尊敬と親愛の情を表わすのであるか。」

王は答えて、つぎのように語った。

「世尊よ、世尊は、等正覚者であらせられる。世尊によりて法はよく説かれた。世尊の弟子の僧伽《サンガ》はよく実践する。これが、私の世尊にたいする、いつにかわらぬ感懐《かんかい》の表現である。

世尊よ、わたしは、ある沙門、ある婆羅門が、十年も二十年も、あるいは三十年も、清浄なる修行をつづけたことを知っている。だが、彼らは結局、また鬚髪《しゅほつ》をととのえ、五種の欲望に耽溺《たんでき》するにいたった。しかるに世尊の弟子の比丘たちは、その命終止息《みょうじゅうしそく》にいたるまで、円満にして清浄なる行をつづけている。わたしは、他にかくのごときものを知らない。されば、世尊よ、わたしは、世尊は等正覚者であられる、世尊によりて法は善説せられた、世尊の弟子の僧伽はよく実践すると、わたしの感懐《おもい》を述べざるをえないのである。

また、世尊よ、王は王とあらそい、武士は武士とあらそい、婆羅門は婆羅門とあらそい、商人は商人とあらそい、親は子とあらそい、兄弟は兄弟とあらそい、朋友《とも》は朋友とあらそう。しかるに、わたしが世尊の弟子の比丘たちを見るに、よく和合し、同慶し、乳と水のごとく融合し、相互に敬愛の眼をもって見、いささかも争い諍《あらそ》うことがない。わたしは、他にかくのごとくよく和合せるものを知らぬ。その故に、世尊よ、わたしは、世尊は等正覚者におわします、世尊によりて法はよく説かれた、世尊の弟子の僧伽はよく道を行なうと、わが感懐《おもい》を述べざるをえないのである。

つぎにまた、世尊よ、わたしはしばしば園林や宮苑において、沙門や婆羅門を見かけることがあるが、彼らは痩《や》せ衰え、醜悪にして、脈管《みゃくかん》もあらわに、人の見るに耐えざるさまをしている。それについて、私はこう思った。『この尊者たちはきっと、修行をすることを楽しとしないのか、あるいは、なにか悪業をなして匿《かく》しているに違いない。それで、かような様子をしているのであろう。』それで私はあるとき、彼らの一人に近づいて言った。『尊者よ、なんじらが痩せおとろえ、醜悪《しゅうあく》にして、人の見るに耐えぬさまをしているのは、なぜであるか』と。すると彼は『大王よ、われらは苦しい』と答えた。しかるに、いまここに世尊の比丘たちを見ると、悦び楽しみ、平静易々《いい》として、あたかも、鹿《しか》のごとき柔和な心をいだいて住している。それについて、私はかように思うのである。『この比丘たちはきっと、かの世尊の教えにおいて、最勝殊妙のものを知っているに違いない。かくて、この比丘たちは、喜び楽しんで、易々として柔和であるに相違ない』と。かくて世尊よ、わたしは、世尊は等正覚者におわします、世尊によりて法はよく説かれた、世尊の弟子の僧伽はよく実践したもうと、わが感懐《おもい》を述べざるをえないのである。」

三

「つぎにまた世尊よ、わたしは刹帝利種《クシャトリア》（武士階級）の王であって、殺されるに値いする者をば殺し、剥奪するに値いする者を剥奪し、追放せらるべき者を追放することができる。だが、私が裁判の座についていいるとき、私の語るのを中断し妨害する者がある。裁判の座にあるときには、妨害してはならぬ、私の言葉を中断してはいけないと誡《いまし》めても、効きめのないこともある。しかるに、世尊よ、ここに私が、世尊の比丘たちのさまを見るに、世尊が数百の会衆に法を説きたもうとき、世尊の弟子の咳《せき》する声さえもないのである。ある時のこと、やはり数百人の会衆に法を説きたもうとき、一人の比丘が咳声《せきばらい》を発したことがあった。すると、他の比丘が膝で彼をつついて言った。『静かにせよ、音をたててはいけない、われらの師世尊がいま法を説かせたもう』と。

世尊よ、それについて、わたしは思った。『まことに希有のことである。実に希有のことである。刀杖《とうじょう》を用うることとなくして、会衆がかくのごとく調御《ちょうぎょ》せられるとは』と。世尊よ、私は、このような会衆を他に見たことがない。それゆえに私は、『世尊は等正覚者にましします。世尊によりて法はよく説かれた。世尊の弟子の僧伽はよく実践する』と、わが感懐《おもい》を表わさざるをえないのである。

つぎにまた、世尊よ、わたしは、幾人かの刹帝利種の賢者にして、聡明にして論議につよいものを知っている。彼らは、その聡明をもって、他人の見解を手もなくたたきつぶすことができる。その彼らが、世尊よ、あなたの来られることを知って、質問を用意して待ちかまえていたことがあった。『われらは世尊に、まずこの質問をしよう。それにたいしてこう答えたならば、こう反駁《はんばく》しよう』と、すっかり手はずを立てて、世尊のところに到ったのであるが、世尊は彼らをむかえて、法を説きたまい、教え導き、激励し、歓喜せしめたもうた。彼らは、教え導かれ、激励され、歓喜せしめられて、ついに一言の質問も発せず、いわんや反駁することもなく、そのまま世尊の弟子となってしまった。世尊よ、わたしは、他にこのようなことを見たことがない。わたしは、『世尊は等正覚者であらせられる。世尊によって法はよく説かれた。世尊の弟子の僧伽はよく実践する』と、わが感懐《おもい》を述べざるをえないのである。

つぎにまた、世尊よ、わたしは幾人もの婆羅門にして、聡明にして論議を事《こと》とする人々を知っている。彼らもまた、その聡明をもって、他人の見解を手もなく破砕《はさい》することができた。しかるに彼らもまた、世尊の来られることを知って、質問を用意して待ちかまえていた。『世尊に会ったならば、まずかように質問しよう。こう答えてきたならば、こう反駁しよう』と。しかるに世尊は、彼らをむかえて法を説きたまい、教導し、激励し、歓喜せしめたもうた。彼らは、ついに一言の質問も発せず、いわんや反駁せず、ただ激励され、歓喜して、そのまま世尊の弟子となって、出家の生活に入った。

彼らは出家して、みなひとしく不放逸《ふほういつ》に熱心に精進したので、やがて出家の最高の目的を実現することを得て、言うて曰く、『われらは実に破滅せんとするところであった。さきには、われらは、沙門にあらずして沙門なりと思い、婆羅門にあらずして婆羅門なりと思い、聖者にあらずして聖者であると思っていた。だが、いまやわれらは沙門となることができた。婆羅門となることができた。聖者となることができたのである』と。世尊よ、わたしは、『世尊こそ等正覚者であらせられる。世尊によりて法はよく説かれた。世尊の弟子の僧伽はよく行道《ぎょうどう》したもう』と、わが感懐《おもい》を述べざるをえないのである。」

四

「つぎにまた世尊よ、わたしのもとにイシーダッタ（仙余）、プラーナ（宿旧）という二人の工匠《こうしょう》がある。彼らはわたしの大工であり、わたしは彼らに生業《なりわい》をあたえ、彼らはわたしによって名声を博した者である。しかるに彼らは、このわたしに対してもなお、世尊に対するほどの尊敬は払わないのである。

ある時のこと、わたしは、軍旅《ぐんりょ》にあって、彼らをともない、せまい家に宿ったことがある。その時、彼らは、夜おそくまで法に関する話をなし、さて、寝《しん》につくにあたっては、世尊のいますと聞く方角に頭をむけ、わたしの方に足を向けて寝たのであった。世尊よ、それについてわたしは思った。『まことに希有のことである。実に未曾有のことである。これらの工匠は、私の召し使う者でありながら、私に対する尊敬は、世尊に対してはらう尊敬の比ではない。これはきっと、彼らが、かの世尊の教えにおいて最勝殊妙のものを知ったからにほかなるまい』と。世尊よ、わたしは、『世尊は等正覚者であらせられる。世尊によりて法はよく説かれた。世尊の弟子の僧伽はよく行道する』と、わが感懐を告白せざるを得ないのである。

それに加うるに、世尊よ、世尊も刹帝利であり、わたしも刹帝利である。世尊もコーサラ人であり、わたしもコーサラ人である。また世尊も八十歳であられ、わたしも八十歳である。因縁まことに浅からず、私が世尊にたいして、最高の尊敬と親愛の情を表するも、なんの不思議はないのである。」

第五篇

教誡説法

第一章　法の相続者たれ

南伝　中部経典　三　法嗣経
漢訳　中阿含経　八八　求法経

一

かようにわたしは聞いた。

ある時、世尊は、サーヴァッティー（舎衛城《しゃえいじょう》）なるジェータ（祇陀《ぎだ》）林《りん》の園にましました。その時、世尊は比丘たちに呼びかけて、「比丘たちよ」と申された。彼ら比丘たちは「世尊」と応《こた》えた。そこで、世尊は説きたもうた。

「比丘たちよ、なんじらはわたしの法の相続者となるがよい。財の相続者となってはならぬ。わたしはなんじらをいとしみ愍《あわれ》んで、――わたしの弟子たちは法の相続者たれかし。財の相続者となることなかれかし。――と願っている。

比丘たちよ、もしなんじらがわたしの財の相続者となって、法の相続者とならなかったならば、なんじらはそれによって、他人より指ざされて、――かの師の弟子たちは、財の相続者であって、法の相続者にはあらぬ。――と批評せられるであろう。わたしもまた、それによって、人々に指ざされて、――かの師の弟子たちは、財の相続者であって、法の相続者ではない。――と評せられるであろう。

比丘たちよ、もう一度いうが、なんじらはわたしの法の相続者となるがよい。財の相続者となってはならぬ。なんじらは、それによって、他人より指ざされて、――かの弟子たちは財の相続者であって、法の相続者ではない。――などと評せられることは、よもやあるまい。わたしもまた、それによって、人々に指ざされて、――かの師の弟子たちは、財の相続者であって、法の相続者ではない。――などと批難せられることも、よもやあるまい。

それ故に比丘たちよ、なんじらはここに、わたしの法の相続者となるがよく、財の相続者となってはならぬ。わたしはなんじらを愛《いと》しみ愍んで、わたしの弟子たちは、法の相続者となるように、財の相続者となることのないように、と願っているのである。

二

「比丘たちよ、わたしはいまここに、食物を得て、充分に飽食することを得、しかもなお食物の余分があって、捨てようと思っているとするがよい。その時、飢え渇き、疲れおとろえたる二人の比丘がやってきて、わたしは彼ら二人に対して、このように言ったとするがよい。――比丘たちよ、わたしは今ここに、食物を得て、充分、飽食することを得た。しかもなお、わたしは食物の余分があって、いま捨てようかと思っている。もし、なんじらにして欲するならば、これを食するがよい。もしなんじらにして欲せずんば、わたしは今これを草なき土地に捨てよう。あるいは虫なき水に投じよう。

比丘たちよ、その時、その一人の比丘は、このように考えたとするがよい。——世尊はいま、食を得たまい、飽食させたもうた。しかもなお、世尊には食の余分があって、世尊はそれを捨てようとしておられる。もし、わたしどもがそれをいただかなかったならば、世尊は、これを草なき地に捨て、あるいは虫なき水に投じたもうであろう。だが、世尊はかつて、『なんじらよ、なんじらはわたしの法の相続者たるがよい。財の相続者となってはならぬ』と教え宣《のたも》うたことがあられた。しかしていま、かの食の余分は一つの財である。わたしはむしろ、かの食をいただかないで、この飢え渇き、疲れおとろえたる身をもって、この一夜を過ごそう。

——かくて彼はその飢渇・疲労の身をもって、その一夜を過ごしたとするがよい。

比丘たちよ、その時、いま一人の比丘はまた、このように考えたとするがよい。——世尊はいま、食を得たまい、充分に食をとりたもうた。しかもなお、世尊には余分の食があって、それを世尊はいま捨てようとしておられる。もしそれを私どもがいただかなかったならば、世尊はこれを草なき土地にすて、あるいは、虫なき水中に投じたもうであろう。いまはむしろ、わたしはこの食をいただき食して、この飢え渇き、疲れおとろえたる身をやしない、もってこの一夜を過ごすとしよう。

——かくて彼は、その食をとり、飢渇・疲労の身をいやして、その一夜を過ごしたとするがよい。比丘たちよ、彼はその食をとって、飢渇・疲労の身をいやすことを得て、その一夜を過ごすことを得たけれども、しかも、彼に比して、かの第一の比丘こそは、真に尊敬せらるべき者、称讃せらるべき者と言わねばならぬ。なんとなれば、比丘たちよ、かの第一の比丘のえらんだ道は、彼にとって長く、少欲・知足・削減・精進の徳をやしなうに役立つが故である。

されば比丘たちよ、なんじらはいまや、わたしの法の相続者となるがよく、財の相続者となってはならないのである。わたしは、なんじらを愛しみ慰んで、わたしの弟子たちは、わたしの法の相続者となれかし、財の相続者となることなかれかし、と願っているのである。」

世尊はかくのごとく説きたもうた。かく説きたもうて、世尊は座より立たれて、精舎のうちに入りたもうた。

三

世尊がその座を立たれてから、やがて、長老サーリプッタ（舎利弗《しゃりほつ》）は、比丘たちに語って言った。

「諸賢よ、われらの大いなる師は、よく塵垢《けがれ》を離れてあられるのに、もしもその弟子たちが離ることを学ばなかったならば、いかになるであろうか。また、よく離《り》することを学んだならば、いかになるであろうか。」

すると、比丘たちは答えて言った。

「尊者よ、われらは尊者についてこの言葉（離）の意義を領解《りょうげ》することを得ば、遠路をも遠しとせず赴くであろう。いま尊者がこの語の意義を明らかに説いて下さるならば、まことに幸いである。私どもは、それを尊者より承って、みな受持したいと思う。」

そこで、サーリプッタは、そのことについて、つぎのように説いた。

「諸賢よ、いま、われらの大いなる師は、よく塵垢を離してあられるのに、その弟子たちは離について学ばず、捨て離るべきものを捨離せず、贅沢・放漫にして、堕落にむかってすすみ、遠離《おんり》することを重荷として避けるようなことがあったならば、諸賢よ、長老の比丘たちは、三つのことについて詰責《きっせき》せられるであろう。すなわち、第一事としては、離について学ばないこと、第二事としては、師が捨て離れよと説かれたものを捨離せざること、第三事としては、贅沢・放漫にして、堕落にむかって進み、遠離することを重荷として避けること。諸賢よ、長老の比丘は、これらの三事をもって難詰せられねばならぬのである。

諸賢よ、それに反して、いま、われらの偉大なる師が、よく塵垢を離してあられる時、その弟子たちもまた、よく離について学んだならば、いかがであろうか。諸賢よ、その時、長老の比丘たちは三事について称讃せられるであろう。すなわち、師はよく遠離してあられる時、その弟子たちもまた、よく離について学ぶ。この第一事をもって、長老の比丘は称讃せられる。また、師が捨離すべきものと説かれたものを、その弟子たちはよく捨て離れる。この第二事をもって長老の比丘たちは称讃せられる。さらに、その弟子たちは、贅沢におちいらず、放漫にながれず、堕落をこそ重荷として避け、遠離にむかって前進する。この第三事をもって、長老の比丘は称讃せられる。諸賢よ、実に長老の比丘は、これらの三事をもって、称讃せられうるのである。

　諸賢よ、ここに、貪《むさぼ》ることは悪である。瞋《いか》ることもまた悪である。貪りを捨て、瞋りを離れんがためには、中道《ちゅうどう》がある。それは浄《きよ》き眼を生ぜしめ、真《まこと》の智を生ぜしめるのであって、寂静涅槃《じゃくじょうねはん》へと導くものである。では諸賢よ、かくのごとき中道とは、いかなるものであるかと言えば、それは、八つの聖なる道である。すなわち、正見《しょうけん》・正思《しょうし》・正語《しょうご》・正業《しょうごう》・正命《しょうみょう》ならびに正精進《しょうしょうじん》・正念《しょうねん》・正定《しょうじょう》がそれである。

　諸賢よ、これがすなわち中道であって、それによって、人々はよく浄き眼《まなこ》を生じ、まことの智を生じ、寂静涅槃へと導かれることができるのである。」

　かようにサーリプッタが説いたとき、比丘たちはみな歓喜して、彼の説くところを信じ受けた。

第二章　旗の先を見よ

南伝　相応部経典　一一、三　旗の先
漢訳　雑阿含経　三五、九八一

かようにわたしは聞いた。

ある時、世尊は、サーヴァッティー（舎衛城）の祇園精舎にとどまり住しておられた。その時、世尊は、比丘たちを呼び、彼らのために、つぎのように語られた。

「比丘たちよ、遠い昔のこと、天の神々と阿修羅との間に戦いが起こったことがある。その時、帝《たい》釈天《しゃくてん》は、神々を呼んで言った。

なんじら、もし、戦いに行きて、毛髪さかだつがごとき恐怖が起こったときには、なんじら、わが旗の先を見るがよい。わが旗の先を眺めるならば、なんじらは、恐怖を払うことができるであろう。

なんじら、もし、わが旗の先を見ることができなかったならば、その時には、かのパジャーパティ（波闍波提）天王の旗の先を見るがよい。かの天王の旗の先を眺めるとき、なんじらは、毛髪さかだつがごとき恐怖をも、払い除くことができるであろう。

なんじら、またもし、かの旗の先を見ることができなかったならば、その時には、かのヴァルナ（婆羅那）天王の旗の先を見るがよい。かの天王の旗の先を眺めるとき、なんじらは、毛髪さかだつがごとき恐怖・戦慄をも、除き払うことができるであろう。

なんじら、またもし、かの旗の先を見ることを得なかったならば、その時には、イーサーナ（伊舎那）天王の旗の先を見るがよい。なんじら、かの天王の旗の先を眺めるとき、なんじらの恐怖・戦慄は、払い除かれるであろう。

比丘たちよ、彼ら天の戦士たちは、それらの旗の先を眺むるとき、あるいはその恐怖・戦慄を払うことができるであろう。あるいはまた払い除くことを得ぬこともあろう。なんとなれば、天の戦士たちは、いまだ貪りを離れず、瞋りを離れず、愚かさを離れていないがためである。

比丘たちよ、われもまた、なんじらに、かように言うであろう。

なんじらもし、あるいは森に行き、あるいは樹下にいたり、あるいは空屋に入りて住するとき、恐怖を生じ、毛髪さかだつの思いあらば、その時には、われを憶念するがよい。かの世尊は如来である。あまねく悟りし者、智と行とを兼《か》ね有する者、一切世間を知れる者、仏陀である、世の尊ぶべき者であると、念ずるがよい。比丘たちよ、かようにわれを憶念するとき、なんじらの恐怖・戦慄は除き払われるであろう。

比丘たちよ、なんじらもし、われを憶念することができない時には、法を憶念するがよい。法は世尊によりて説かれたもの、時をへだてずして、来り見よというがごとく、現在に果報あるもの、われらを無上の安穏に導くものであると念ずるがよい。比丘たちよ、かように法を憶念するとき、なんじらの恐怖・戦慄は払い除かれるであろう。

比丘たちよ、なんじらもし、法をも憶念することができぬ時には、僧伽《サンガ》を憶念するがよい。世尊の弟子たちの僧伽は、善行者のつどいである。世尊の弟子たちの僧伽は、正道の行者のつどいである。世尊の弟子たちの僧伽は、尊敬されるに値いし、供養せられるに値いし、合掌せられるに値いし、この世の最上の福田《ふくでん》であると念ずるがよい。比丘たちよ、かように僧伽を憶念するとき、なんじらの毛髪さかだつ恐怖・戦慄も払い除かれるであろう。

比丘たちよ、なんじらもし、あるいは森に行き、あるいは樹下にいたり、あるいは空屋に入りて、ひとり修するとき、恐怖を生じ、毛髪さかだつの思いあらば、かくのごとく、仏と法と僧伽とを憶念するがよい。憶念すれば、比丘たちよ、なんじらの恐れ、おののき、毛髪さかだつの思いは、かならず払い除かれるであろう。」

第三章　放逸なることなかれ

南伝　相応部経典　四五　一三九―一四八　不放逸品

一

かようにわたしは聞いた。

ある時、世尊は、サーヴァッティー（舎衛城）の祇園精舎にとどまり住しておられた。その時、世尊は、比丘たちを呼び、かように説かれたことがあった。

「比丘たちよ、この世の中に生けるものは、さまざまである。無足のものがあり、両足のものがあり、四足のものがあり、多足のものがある。あるいは意識あるものがあり、意識なきものがある。かように、さまざまの生きとし生けるものの中にありて、覚りしもの、如来こそは最上であると説かれる。比丘たちよ、それと同じように、世の中に道はさまざまあれど、それらはすべて、善に心を専注して去らしめざること、すなわち不放逸《ふほういつ》をもって根本とする。されば、さまざまの善き法の中において、不放逸こそ最上であると説かれる。

比丘たちよ、かくて、放逸ならざる比丘においては、八つの正道《しょうどう》を修習し、そを実現するであろうこと、期して俟《ま》つことができるであろう。彼は、すべての世のかかわりを離れ、貪りを去り、煩悩をすてて、人生の正しい見方をうちたてることができる（正見）。一切の思いを正しい目標に集中することができる（正思）。すべて理にそむける言葉をさけて、正しい言葉を語ることができる（正語）。一切の邪《よこし》まの行いをやめて、清らかな行いにつくことができる（正業）。

正しからぬ生業《なりわい》をいとい捨てて正しい生き方をすることができる（正命）。かくて、ここに正しい努力が集中され（正精進）、正しい心構えがなり（正念）、ふたたび揺らぐことなき心を確立することを得る（正定）とき、八つの正道は実現せられるのである。

比丘たちよ、かくのごとくにして、放逸ならざる比丘は、かならずや、八つの正しき道を実現するであろうこと、期して俟つことができるのである。」

二

「比丘たちよ、たとえば、もろもろの歩行するものの足跡はさまざまであるが、すべての足跡は象の足跡に入り、象の足跡は最大であると説かれる。それと同じように、世の中に道はさまざまであるが、それらのすべては、不放逸をもって根本とする。それゆえに、もろもろの善き法の中において、不放逸こそは最大であり、最上であると説かれる。

比丘たちよ、かくて、放逸ならざる比丘は、かならずや、八つの正しき道を修習し、そを実現するであろうこと、期して俟つことができるのである。」

三

「比丘たちよ、たとえば、夜空にもろもろの星のかがやくを見ることができるが、いずれの星の光も、月の十六分の一にも及ばない。されば、月の光は、夜の空において、最上であると説かれる。それと同じように、世の中に道はさまざまであるが、それらはすべて、放逸ならざることをもって根本とする。そのゆえに、もろもろの善き法の中において、放逸ならざることを最上とすると説かれる。

比丘たちよ、かくて、放逸ならざる比丘は、かならずや、八つの正しき道を修習し、そを実現するであろうこと、期して俟つことができるのである。」

四

「比丘たちよ、たとえば、時、秋にして、空に一点の雲なきとき、日は蒼天《そうてん》にのぼりて、一切の虚空の闇冥《あんめい》をはらい、赫々《かくかく》として十方に照りかがやく。されば、秋天にありて、日は最上であると説かれる。それと同じように、世にもろもろの道はあれど、それらはすべて放逸ならざることをもって根本とする。そのゆえに、もろもろの善き法の中にありて、不放逸こそ最上である、と説かれる。

比丘たちよ、かくて、放逸ならざる比丘は、かならずや、八つの正しき道を修習し、そを実現するであろうこと、期して俟つことができるのである。」

五

「比丘たちよ、たとえば、もろもろの絲織《いとおり》の衣の中において、カーシ（迦尸）の都において造られる衣は、最上であると説かれる。それとおなじく、世にもろもろの道はあれど、それらはすべて、放逸ならざることを根本となし、ひとしく放逸ならざることに帰するのである。このゆえに、もろもろの善き法の中にありて、不放逸こそ最上である、と説かれる。比丘たちよ、かくて、放逸ならざる比丘は、かならずや八つの正しき道を修習し、そを実現するであろうこと、期して俟つことができるのである。」

第四章　如来は道を教える

南伝　中部経典　一〇七　算数家目犍連経
漢訳　中阿含経　一四四　算数目犍連経

かようにわたしは聞いた。

ある時、世尊は、サーヴァッティー（舎衛城）の東園、鹿母《ろくも》講堂に止住しておられた。その時、算数家なるモッガラーナ（目犍連）という婆羅門が、世尊を訪れてきた。二人は喜びにみちた挨拶を交わして、さて婆羅門は問うて言った。

「世尊よ、たとえば私がこの鹿母講堂にまいるにも、順にたどるべき道があった。また私どもの専門とする算数においても、順を追うての教え方がある。それと同じように、世尊よ、世尊の教えにおいても、順を追うての学ぶ道というものが設けられてあろうか。」

「婆羅門よ、わが教えにおいても、順を追うての学があり、道がある。たとえば、巧みなる調馬師は、よき馬を得て、まず頭《かしら》を正しくする調御《ちょうぎょ》をなし、ついでさらに、さまざまの調御を加えるように、私も、まさに御すべき人を得ると、まず最初にかように調御するのである。『なんじ比丘よ、なんじはすべからくまず戒を具する者とならねばならぬ。律儀をまもり、微罪をもおそれ、よく心して学処《がくしょ》を学ばねばならぬ』と。

彼が正しく戒を具する者となれと、さらに私は調御を加える。『なんじ比丘よ、なんじはもろもろの根《こん》において門を守らねばならぬ。眼をもって物を見ても、その相《すがた》に捉われてはならぬ。この眼のはたらきを制しなかったならば、むさぼり、愁《うれ》い、その他さまざまの有罪、不善の心のうごきが起こるであろうから、これを制することに専心せねばならぬ。その他、耳をもって声を聞くにも、鼻をもって香をかぐにも、舌をもって味わうにも、ないしは、こころをもって了別するにも、また同じである』と。

彼が正しくもろもろの根《こん》を制する者となると、私はさらにまた調御を加える。『なんじ比丘よ、なんじは食において、量を知らねばならぬ。正しい考え方をもって食をとらねばならぬ。なぐさみのため、栄華のためにしてはならぬ。まさに、この身の支持のため、聖なる修行をたもちうるために、せねばならぬ』と。

彼が正しく食の量を知るにいたれば、私はさらに進んで調御を加える。『なんじ比丘よ、なんじは覚めるにも寝るにも、正しく修せねばならぬ。昼は経行《きんひん》と坐禅とによって、もろもろの心のおおいを去り、心を清くたもたねばならぬ。夜のはじめには、また経行と坐禅とによって、心の清浄をたもち、夜のなかごろには、右脇を下にし、足に足をかさね、獅子のごとく臥《ふ》し、夜のおわりには、また、起きいでて経行と坐禅とにより、もろもろの心のおおいを払いさって、心を清くせねばならぬ』と。

この修行ができると、私はさらに、彼に正念《しょうねん》と正知《しょうち》を成就することを命じる。『なんじ比丘よ、なんじは往《ゆ》くにも還《かえ》るにも、大小便をするにも、正知をもって作《な》さねばならぬ。飲むにも食うにも、大小便をするにも、起《た》つにも坐るにも、語るにも黙するにも、正知をもってせねばならぬ』と。

この修行が成就すると、私はそこで、独り空閑処《くうかんじょ》に坐して修行することを彼に命じる。彼は、あるいは森中、あるいは樹下、あるいは山上、あるいは洞窟、あるいは墓地をえらんで、ただひとり、結跏《けっか》して身を正し、念を正しうして坐する。そこで彼は、貪欲を断ち、瞋恚《しんに》を断ち、惛眠《こんみん》（心のはたらきにぶく眠りを催すこと）を払い、掉悔《じょうげ》（心おちつきなく、行ないて悔ゆること）を去り、疑念をぬぐい、かくて五つの心のおおいものを去り、智をもって煩悩の力をおさえ、もうもろの執着と不善を離れて、しだいに無上安穏《あんのん》の境地にいたるのである。」

世尊がかように説かれるのを聞いて、婆羅門は、かさねて世尊にたずねて言った。

「では、いかがであろうか。かように教え導かれた世尊の弟子たちは、みなよく涅槃を得るであろうか。それとも、得ないものもあるであろうか。」

「婆羅門よ、わたしの弟子の中にも、涅槃を得るものがあり、また得ないものがある。」

「では世尊よ、正しく涅槃は存し、涅槃にいたる道があり、世尊が導師としていますにもかかわらず、いかなる理由によって、あるものは涅槃を得、あるものは得ないのであろうか。」

「婆羅門よ、それについて、いまわたしからなんじに問いたいことがある。婆羅門よ、なんじはラージャガハ（王舎城）にいたる道を知っているか。」

「世尊よ、私はよく知っている。」

「では婆羅門よ、これをどう考えるか。ここにひとりの人があり、ラージャガハに行こうとして、なんじのもとに来って、その道をたずねたとせよ。そのときなんじは、彼に語って言うであろう、『君よ、この道がラージャガハに通じている。これをしばらく行きたまえ。しばらく行くと、かくかくの名の村がある。それをまたしばらく行きたまえ。しばらくすると、かくかくの名の町がある。それをまたしばらく行きたまえ。するとやがて、ラージャガハの美しい園や森や池が見えてくる』と。かように教えられて、あるものは安全にラージャガハに到るが、あるものは道をまちがえ、あらぬ方に行くこともあろう。婆羅門よ、正しくラージャガハは存し、ラージャガハにいたる道かあり、なんじが導者としてあるのに、いかなる理由によって、ある者は安全にラージャガハにいたり、ある者はあやまれる道を、あらぬ方に行くのであろうか。」

「世尊よ、それをわたしがどうすることができようか。私は道を教えるだけである。」

「婆羅門よ、その通りである。涅槃は正しく存し、涅槃にいたる道があり、私は導師としてあり、しかも、わが弟子の中には、あるものは涅槃にいたることを得、またある者はいたることを得ないが、それを、婆羅門よ、わたしがどうするということができようか。婆羅門よ、如来はただ道を教えるのである。」

第五章　その始めを知らず

南伝　相応部経典　一五、四
漢訳　雑阿含経　三三、三四

一　薪草

ある時、世尊は、サーヴァッティー（舎衛城）のジェータ（祇陀）林なる給孤独《ぎっこどく》の園に、止まり住してあられた。その時、世尊は、弟子たちを呼び、このように説かれたことがあった。

「弟子たちよ、輪廻はその始めを知らない。生きとし生ける者が、無明《むみょう》に覆《おお》われ、渇愛《かつあい》に縛られて、流転《るてん》し輪廻した越し方は、知ることができぬ。弟子たちよ、たとえば、ここに人があって、草や枝をとり、おなじ場所にあつめ、指四つほどの方形に堆《つ》みあげて、これはわが母である、これはわが母の母であると、数え置こうとするに、その人が、いまだ越し方の母を数えおわらぬうちに、この世界の草も枝も、尽きはてるであろう。

弟子たちよ、そのわけは何であろうか。輪廻はその始めを知らず、生きとし生けるものが無明に覆われ、渇愛に縛られて、流転し輪廻した越し方は、知ることができぬからである。弟子たちよ、かように、人は、長夜に苦しみを受け、痛みを受け、失いを受けて、ただ墓所のみが増大したのである。

されば、諸行は厭《いと》うべく、厭い離るべく、解脱すべきものであるというのである。」

二　地

「弟子たちよ、輪廻はその始めを知らず、生きとし生けるものが、無明に覆われ、渇愛に縛られて、流転し輪廻した越し方は、知ることができない。弟子たちよ、たとえば、ここに人があって、大地の土をとり、なつめの種子ほどの塊として、これはわが父である、これはわが父の父であると、並べ置こうとするに、その人が、いまだ越し方の父を数えおわらぬうちに、この大地の土は、尽きはてるであろう。

弟子たちよ、そのわけは何であろうか。輪廻はその始めを知らず、生きとし生けるものが、無明に覆われ、渇愛に縛られて、流転し輪廻した越し方は、知ることができぬからである。弟子たちよ、かように、人は、長夜に苦しみを受け、痛みを受け、失いを受けて、ただ墓所のみが増大したのである。

されば、弟子たちよ、諸行は厭うべく、厭い離るべく、解脱すべきものであるというのである。」

三　涙

「弟子たちよ、なんじらはいかに思うか。四つの大海の水と、なんじらが愛する者との別離により、また快からざるものとの会遇《えぐう》により、久しきにわたり流転し輪廻して、かなしみ嘆きし時にながし注いだ涙と、いずれが多量であろうか。」

「世尊よ、われらは世尊の説きたまえる法を知るがゆえに、かように答える。世尊よ、われらが、愛する者との別離により、また快からざるものとの会遇により、久しき間にわたって流転し輪廻して、かなしみ嘆きし時にながし注いだ涙は、四つの大海の水の比ではない。」

「善いかな、弟子たちよ、善いかな、弟子たちよ。なんじらは、わが説きし法を、かようによく知っている。まことに弟子たちよ、なんじらが、久しきにわたって、流転し輪廻して、かなしみ嘆きし時にながし注いだ涙は、四つの大海の水も、その比ではないのである。

弟子たちよ、なんじらは、久しきにわたって母の死にあい、子の死にあい、眷族《けんぞく》の死にあい、財宝の失にあい、病の苦にあってきた。かようにして、かなしみ嘆きし時にながし注いだ涙は、まことに、まことに多量であって、四つの大海の水もその比ではない。

弟子たちよ、そのわけは何であるか。輪廻は、その始めを知らず、生きとし生けるものが、無明に覆われ、渇愛に縛られて、流転し輪廻した越し方は、知ることができないからである。されば弟子たちよ、諸行は厭うべく、厭い離るべく、解脱すべきものであるというのである。」

四　乳

「弟子たちよ、なんじらはいかに思うか。なんじらが、久しきにわたりて、流転し輪廻したあいだに呑みし母の乳と、四つの大海の水と、いずれが多量であろうか。」

「世尊よ、われらは、世尊の説きたまえる法を知るがゆえに、かように答えるであろう。世尊よ、われらが、久しきにわたり、流転し輪廻したあいだに呑みし母の乳は、四つの大海の水もその比ではない。」

「善いかな、弟子たちよ、善いかな、弟子たちよ。なんじらは、わが説きし法を、かようによく知っている。まことに弟子たちよ、なんじらが、久しきにわたって、流転し輪廻したあいだに呑みし母の乳は、四つの大海の水もその比ではない。

弟子たちよ、そのわけは何であろうか。輪廻は、その始めを知らず、生きとし生けるものが、無明に覆われ、渇愛に縛られて、流転し輪廻した越し方は、知ることができないからである。されば弟子たちよ、諸行は厭うべく、厭い離るべく、解脱すべきものであるというのである。」

第六章　賤しき者は誰ぞ

南伝　小部経典　経集一、七　賤民経
漢訳　雑阿含経　四、一〇二

一

かようにわたしは聞いた。

ある時、世尊は、サーヴァッティー（舎衛城）の郊外なるジェータ（祇陀）林の園にましました。

その時、世尊は早朝に、衣を着し、鉢を持して、行乞《ぎょうこつ》のためにサーヴァッティーの町におもむかれた。

そのころ、アッギカ・バーラドヴァージャ（事火婆羅堕闍《じかばらだじゃ》）なる婆羅門の邸では、神火が点ぜられ、供物《くもつ》がそなえられていた。世尊がその邸に近づくと、それを見て、かの婆羅門は叫んで言った。

「沙門よ、そこに止まれ、えせ坊主よ、そこに止まれ。賤《いや》しき者が、神聖なる所に近づいてはならぬ。」

かく言われて、世尊は、かの婆羅門にむかって言った。

「婆羅門よ、しからば、賤しき者とは誰であるか。いかにせば人は賤しき者となるのであるか、なんじは知っているか。」

「沙門よ、わたしは、賤しき者とは何であるか、また、いかにすれば賤しき人となるのであるかを知らぬ。願わくは、沙門よ、わたしのために、それを説かれよ。」

「婆羅門よ、では、聞くがよい。よく考えるがよい。わたしは説くであろう。」

そして世尊は、かの婆羅門のために、つぎのごとく説き語られた。

二

忿《いか》りの心ある者、恨みをいだく者、
あるいは偽りの善を行なう者、
邪《よこ》しまの見解をいだく者、諂《へつら》いある者、
かかる者は賤しき人であると知るがよい。

たとい、いかなる生き物であろうとも、
生きとし生ける者を害する者、
生きとし生ける者に慈愛なき者、
かかる者は賤しき人であると知るがよい。

村々に住まう者、町々に住まう人々を、
害し、とりまき、掠奪《りゃくだつ》する者、
圧制《あっせい》する者と呼ばるるがごとき者、
かかる者は賤しき人であると知るがよい。

村において、あるいは林園において、
他の人々の所有する財物をば、
与えられざるに奪うがごとき者、
かかる者は賤しき人であると知るがよい。

まことには負債を有する者が、
返済を迫られて遁辞《とんじ》をかまえ、
「なんじに対して負債なし」という者、
かかる者は賤しき人であると知るがよい。

まこと、かりそめの欲心をおこし、
道ゆく人々を殺害して、

些少《さしょう》のものを奪い取るがごとき者、
かかる者は賤しき人であると知るがよい。

もし証人として問われし時に、
自己《おのれ》のため、他人《ひと》のため、また財のために、
偽りのことを申しのぶるがごとき者、
かかる者は賤しき人と知るがよい。

親戚の妻、あるいはまた知人の妻と、
暴力をもって交わりをなす者、
あるいは合意にして交わりを行なう者、
かかる者は賤しき人と知るがよい。

年老いてすでに盛壮《さかり》をすぎたる、
母なる人、また父なる人を、
自己は富裕《ふゆう》にして、しかも養わぬ者、
かかる者は賤しき人と知るがよい。

母なる人に、また父なる人に、
兄弟姉妹に、また妻の父母に、
手もて害を加え、言葉もて悩ます者、
かかる者は賤しき人と知るがよい。

三

もし人の道理を問うものあるに、
無益にして道理なきことを教え、
正しきを蔽《おお》いかくして語る者、
かかる者は賤しき人と知るがよい。

みずから悪しき行為《おこない》をなして、
「このこと知られざれ」とねがい、
ひそかに隠れたる行為をなす者、
かかる者は賤しき人と知るがよい。

おのれは他人の家を訪れてゆきて、
佳饌《かせん》のもてなしを受けたるに、
客の来るも返礼し饗応《きょうおう》せざる者、
かかる者は賤しき人と知るがよい。

婆羅門なる人、また沙門なる人、
あるいはまた、その他の行乞修行者を、
いつわりの言葉もてあざむく者、
かかる者は賤しき人と知るがよい。

食事の時間となりたるに、
婆羅門、あるいは沙門をば、
言葉にて悩まし、食事を進ぜぬ者、
かかる者は賤しき人と知るがよい。

この世のおろかさにとらわれて、
かりそめのものを貪りもとめ、

不実の言葉を弄《ろう》し語る者、
かかる者は賤しき人と知るがよい。

おのれを高くほめそやし、
他人をひくく貶《けな》しおとし、
高慢のために心いやしくなりたる者、
かかる者は賤しき人と知るがよい。

他人を悩まし害する者、物に吝嗇《りんしょく》なる者、
悪しき欲ある者、慳《かたくな》なる者、諂う者、
人に恥なき者、おのれに愧《はじ》ざる者、
かかる者は賤しき人と知るがよい。
仏をそしりけなす者、
また出家にあれ、在家にあれ、
仏の弟子たちをそしる者、
かかる者は賤しき人と知るがよい。

まことは聖者にあらずして、
みずから聖者なりと公言する者は、
一切人天《いっさいにんでん》の世界の賊である、
かかる者は実に最も賤しき人である。

四

人は、その生まれによって賤しき人であるのではない。
また、その生まれによって聖なる者であるのでもない。
人は、その行為によりて賤しき人となるのである。
また、その行為によりて聖なる者となるのである。

かく説き教えられて、かのアッギカ・バーラドヴァジャ婆羅門は、世尊に白《もう》して言った。
「世尊よ、希有なるかな、希有なるかな。世尊は、たとうれば、倒れたるものを起こすがごとく、蔽われたるものを開きあらわすがごとく、あるいはまた暗き夜に燈火をもたらして、『眼ある者は見よ』と言うがごとく、かくのごとく、世尊は多くの教えをもって法を説きたもうた。わたしは世尊と法と比丘衆《びくしゅ》とに帰依したてまつる。世尊よ、願わくは今日よりはじめて私の寿命のつきるまで、わたしを帰依せる在俗の信者として受けられんことを。」

第七章　雲を離れたる月のごとし

南伝　中部経典　八六　鴦掘魔経
漢訳　増一阿含経　三一、六

一

かようにわたしは聞いた。

ある時、世尊は、サーヴァッティー（舎衛城）なるジェータ（祇陀）林の園にましました。その時、コーサラ（拘薩羅）国にアングリマーラ（鴦掘魔―指鬘《しまん》外道《げどう》）と名づける兇賊があった。残忍にして殺《さつ》戮《りく》を事とし、人々を殺しては、指をとって鬘《くびかざり》とした。

世尊は、朝早く、衣鉢《えはつ》を持して、行乞《ぎょうこつ》のためにサーヴァッティーの街に入り、行乞を終わると、この兇賊アングリマーラの住む方にむかって、大道をすすみ行いた。その姿をみた牛飼いや農夫たちは、おどろいて世尊に白《もう》して言った。

「沙門よ、この道を行かれぬがよい。この向こうには、アングリマーラと呼ばれる兇悪な賊がいる。残忍にして、殺戮を事とし、人を殺しては、その指をとって、鬘《くびかざり》とするという。沙門よ、この道は行かれぬがよい。」

だが世尊は、黙然として、またその道をすすんで行った。

二

兇賊アングリマーラは、はるかに、世尊の来るを見た。そして彼は考えた。「実に不思議である。実に未曾有《みぞう》のことである。この道を十人や二十人いっしょになって来ても、やっぱり私の獲物になったのに、あの沙門は、たったひとり、伴侶《とも》もなく、悠然としてやってくる。では、あの沙門の命をもらおうか。」そこで彼は、剣と楯《たて》、弓と箭《や》をとって、世尊のうしろから尾行した。だが彼は、ふつうの速さで、悠然とあるく世尊に、どうしても近づくことができなかった。速度をはやめ、全力をあげて追ったが、それでも追いつくことができなかった。彼は考えた。「まことに不思議であることである。かつて私は、走る馬を追うて捉えたし、また、走る車を追うて捉えたこともある。それなのに、いま私は、悠然とふつうの速さであるく沙門に、どうしても追いつくことができぬ。」そこで彼は、立ち止まって、世尊に呼びかけて言った。

「止まれ、沙門。沙門よ、止まれ。」

「わたしは止まっている。アングリマーラよ、なんじが止まるがよい。」

かく世尊の答えるを聞いて、アングリマーラは、また考えた。「この沙門は、釈迦族よりいでて、真実を説き、真実を行ずるものであると聞くが、いまこの沙門は、歩きつつあるのに、自分は止まっている、なんじが止まるがよい、と言うのはなぜであろうか。ひとつ、この沙門に問うてみよう。」

そこで彼は、偈《げ》をもって、問うて言った。

「沙門よ、なんじは行きつつあるに、われ立てり、と言い、
われは止まりてあるに、なんじは、止まらず、と言う。

沙門よ、われ、なんじにその意味を問わんと欲す。

いかなれば、なんじは立ち、われは止まらず、と言うや。」

世尊もまた、偈をもって、答えて言った。

「アングリマーラよ、われは止まりてあり。

生きとし生けるものに、害する心を馳《は》することなし。

しかるに、なんじは、生ける者に対して、みずから制することなし。

されば、われは止まりてあり、なんじは止まらずという。」

かくて、アングリマーラは、世尊の微妙の偈によって、悪を捨離《しゃり》するにいたった。すなわち、兇器の利剣を深き谷間にすてて、ひざまずいて世尊の足を拝し、その場において、出家せんことを願った。

「仏はまことに大いなる慈悲の聖者にてあらせられ、
人間および諸天の導師にてあらせられ、
その時、彼にむかいて、比丘よ、来たれ、と曰《のたま》いければ、
彼は、かの仏の弟子なる比丘となれり。」

三

世尊は、アングリマーラをしたがえて、サーヴァッティーに帰り、ジェータ林の園に入った。そのころ、コーサラ国の王パセーナディ（波斯匿《はしのく》）の宮殿の門前には、大勢の人々が集まり、高声に訴えて言った。

「大王よ、領内にアングリマーラという兇賊があって、残忍にして、殺戮をこととし、人々を殺しては、その指をとって鬘《くびかざり》とする。彼のために村や町の平和はかきみだされた。大王よ、かの兇賊を捕えたまえ。彼はいまジェータ林の園におもむいた。」

そこで、パセーナディ王は、五百騎をしたがえて、かの園におもむき、世尊を拝した。

「大王よ、おんみはマガダ（摩掲陀）を攻められるのであるか。あるいは、ヴェーサーリ（毘舎離）を撃たんとせられるのであるか。それとも、また他の王と戦わんとするのであるか。」

「世尊よ、そうではない。世尊よ、わが領内にアングリマーラという兇賊があって、残忍にして殺戮をこととしているという。わたしは、その兇賊を捕えんとするのである。」

「大王よ、もし彼が、ひげと髪《かみ》を耕りおとし、袈裟《けさ》衣《え》をまとい、出家の沙門となって殺生をはなれ、人の物を盗ることもせず、いつわりの言葉も語らぬ持戒《じかい》者となっているとせば、おんみは彼をいかになされるか。」

「世尊よ、もしそのようなことがあれば、わたしは彼を敬い、彼を供養し、彼を保護するであろう。

だが、あの極悪無道の兇賊が、どうして、そのような持戒者となる道理があろうか。」

その時、アングリマーラは、世尊をはなれること遠からぬ所に坐っていた。世尊は、右手をあげて、彼を指し、王に告げて言った。

「大王よ、彼がアングリマーラである。」

王は、おどろいて、顔色蒼《あお》ざめ、膚《はだえ》に粟《あわ》を生じた。世尊はそれを見て、王に告げて言った。

「大王よ、恐れぬがよい。恐れる道理はない。」

それで、王も心ようやく平静となり、彼に言葉をかけて言った。

「尊者よ、なんじがアングリマーラであるか。」

「大王よ、しかり。」

「尊者よ、安心するがよい。わたしはなんじに、衣料・飲食などを供養するであろう。」

「大王よ、わたしに三衣《え》があり、わたしはそれで満足である。」

その時、王は世尊を拝し、世尊に申して言った。

「世尊よ、まことに稀《めず》らしいことである。世尊は、調伏《ちょうぶく》がたきものをよく調伏したまい、荒荒しきものをよく静めたもう。世尊よ、われらが武器をもって降伏《くだ》しえざる者を、世尊は武器なくして降伏したもう。」

四

　ある日、朝早く、アングリマーラは、衣鉢をもち、サーヴァッティーの町に入って行乞した。その時、ある者の投じた土塊《つちくれ》は彼に当たった。また、ある者のなげた礫《こいし》は彼を撃ち、ある者のなげた棒は彼を傷つけた。彼は頭から血をながし、鉢をこわされ、衣をひきさかれ、世尊のいますところに帰ってきた。その姿をみた世尊は、彼に教えて言った。
「比丘よ、忍び受けるがよい。なんじは、なんじの行為の果報《むくい》によって、幾《いく》とせも幾とせも、他生において受けねばならぬ業果《ごうか》を、いま現在において受けているのである。」
　彼は、世尊の教えを受けてのち、退いて、ひとり坐していた。そのとき、彼の口からはおのずから、このような独語がもれた。

「先には放逸であったけれども、後には放逸ならざる人。
　その人は雲を離れたる月のごとく、この世を照すであろう。

人もし、善をもって、そのなせる悪《あ》しき業《ごう》を覆わば、
彼は、この世を照らすこと、雲を離れし月のごとくであろう。
先にはわれは、兇賊にして、アングリマーラとして知られた。
いまや、大いなる　瀑流《ばくりゅう》にながされて、仏陀に帰依する者となった。

ある者は、杖をもって、また鞭《むち》をもって調伏する。

されど、われは、かかる杖、鞬をもちいずして調伏せられた。

先には殺害者であったわれは、いまや不害者《アヒムサカ》とよばれる。

われは今、真実《まこと》の名を得たのである。われは何人をも害しないであろう。」

第八章　法に依りて悩まず

南伝　中部経典　一四五　教富楼那経
漢訳　雑阿含経　一三、三一一

一

かようにわたしは聞いた。

ある時、世尊は、サーヴァッティー（舎衛城）のジェータ（祇陀）林の園の精舎《しょうじゃ》にましました。その時、プンナ（富楼那）という長老の比丘が、独り静かな冥想の坐を起って、夕刻、世尊のみもとに行った。彼は世尊を拝し、世尊の面前に坐し、世尊に白《もう》して言った。

「世尊よ、願わくは、私のために簡略に教誡を垂れたまえ。私はその教誡を世尊よりいただいたならば、ひとり隠れ住んで、放逸《おこたり》なく、心を専《もっぱ》らにして努力したいと思う。」

「しからば、プンナよ、よく聞くがよい。またよく思念するがよい。わたしは、いま、なんじのために語るであろう。」

「畏りました、世尊よ。」

そこで世尊は、かように説き教えられた。

「プンナよ、眼によって識《し》られるもろもろの色《もの》がある。それらは望ましく、好もしく、喜ぶべく、愛すべきものであって、愛着したならば、人々の欲望をかきたて、人々を惹《ひ》きつけるであろう。だがもし、人がそれらを喜び、愛着したならば、そのゆえに、プンナよ、苦の原因は生ずるのだと、私は言うのである。

また、プンナよ、耳によって識られるもろもろの声があり、鼻によって識られるもろもろの香があり、舌によって識られるもろもろの味があり、身体によって識られるもろもろの感触があり、また意《こころ》によって識られるもろもろの事柄がある。それは望ましく、好もしく、喜ぶべく、愛すべきものであって、人々の欲望をかきたて、人々を惹きつけるであろう。だが、もし人が、それらを喜び、愛着したならば、そのゆえに、プンナよ、苦の原因は生ずるのであると、わたしは言うのである。

またプンナよ、眼によって識られるもろもろの色《もの》がある。それらは望ましく、好もしく、喜ぶべきものにして、人々の欲望をいざない、人々を惹きつけるであろう。しかるに、もし比丘があって、それらを喜びもせず、愛着することもなかったならば、そのゆえに、プンナよ、苦は生ずることがないのであると、わたしは言うのである。

またプンナよ、耳によりて識られるもろもろの声、鼻によりて識られるもろもろの香、舌によって識られるもろもろの味、身体によりて識られるもろもろの感触、および意によって識られるもろもろの事柄についても、同様である。それらは望ましく、好ましく、喜ぶべく、愛すべきものであって、人々の欲望をいざない、人々を惹きつけるであろうが、もしここに比丘があって、それらを喜びもせず、愛着することもなかったならば、そのゆえによって、プンナよ、苦は生ずることがないのだと、わたしは言うのである。

ところで、プンナよ、わたしがかように略して説いた教誡を受持して、なんじは、いずれの処におもむかんとするのであるか。」

「世尊よ、わたしは、世尊がわたしのために簡略に説かれた教えを持したてまつって、西の方のスナ（輸那）という国におもむき、かしこにおいて住むであろう。」

二

その時、世尊はプンナに問うて、かように申された。

「プンナよ、西の方スナの国の人々は兇悪である。プンナよ、かの国の人々は粗暴である。されば、プンナよ、もし、かの国の人々がなんじを罵《ののし》り、辱《はずか》しめたならば、その時には、プンナよ、なんじはいかにするであろうか。」

「世尊よ、もし、西の方スナの国の人々が、わたしを罵り辱しめたならば、わたしは、このように念ずるであろう。――まことに賢なるかな、これらスナの国の人々。まことに善なるかな、これら西の方の人々。彼らはわたしを手をもって打擲《ちょうちゃく》せず。――かくのごとく、世尊よ、わたしは念ずるであろう。」

「ではプンナよ、もし、かの国の人々が、手をもって、なんじを打擲したとせば、その時には、なんじはいかになすであろうか。」

「世尊よ、もし、西の方スナの国の人々が、手をもってわたしを打擲したとせば、その時わたしは、かように念ずるであろう。――まことに賢なるかな、これらスナの国の人々、まことに善なるかな、これら西の方の人々。彼らは棒をもってわたしを打擲しない。――かくのごとく、世尊よ、わたしは念ずるであろう。」

「ではまた、プンナよ、もし、かの国の人々が棒をもって、なんじを打擲したとせば、その時には、なんじはいかになすであろうか。」

「世尊よ、もしまた、西の方スナの国の人々が、わたしを打擲するに棒をもってしたならば、その時わたしは、かように念ずるであろう。――まことに賢なるかな、これら西の方の人々。まことに善なるかな、これらスナの国の人々。彼らはわたしを打擲するに、いまだ、笞《むち》をもってせず、また、杖をもってせず――と。世尊よ、かようにわたしは念ずるであろう。」

「ではまた、プンナよ、かの国の人々が、もし笞をもって、また杖をもって、なんじを打擲したとせば、その時には、なんじはいかにするであろうか。」

「世尊よ、またもし、西の方スナの国の人々が、笞をもって、あるいは杖をもって、わたしを打擲したとせば、その時わたしは、かように念ずるであろう。——これら西の方の人々はまことに善なるかな、彼らはわたしを打擲するに、いまだ刀をもってせず——と。世尊よ、わたしは、かく念ずるであろう。」

「ではまた、プンナよ、もしかの国の人々が、刀をもってなんじを打擲したならば、その時には、いかにするであろうか。」

「世尊よ、もしまた、かの国の人々が、刀をもって、わたしを打擲したとせば、その時わたしは、かように念ずるであろう。——これらスナの国の人々は、まことに賢なるかな。これら西の方の人々は、まことに善なるかな。彼らはいまだ利刀をもって、わたしの生命を奪うにいたらず——と。世尊よ、わたしはかく念ずるであろう。」

「では、プンナよ、かの国の人々が、利刀をもって、なんじの生命を奪うにいたったならば、その時には、なんじはいかにせんとするか。」

「世尊よ、もし、かの国の人々が、利刀をもって、わたしの生命を奪うにいたるならば、その時わたしは、かく念ずるであろう。——世尊の弟子たちの中には、身体と生命《いのち》とのために悩み苦しんで、みずから生命を断たんことを願うものすらもあった。しかるにいまわたしは、みずから願うことなくして、わが生命を断つことを得た——と。世尊よ、わたしは、まさにかく念ずるであろう。」

「善いかな、プンナ。善いかな、プンナ。なんじはかくのごとき忍辱《にんにく》の心をいだいて、よく西の方スナの国におもむき住することを得るであろう。しからばプンナよ、いまは、なんじの欲するままにおもむき、住するがよい。」

三

かくて、長老プンナは世尊の説きたもうところに歓喜し、世尊を拝して去っていったが、やがて、衣鉢をとって、かの西の方の国スナにむかって出発した。

スナの国におもむき住んだ長老プンナは、多くの人々のために世尊の教法を説き、その雨安居《うあんご》においては、五百の優婆塞《うばそく》と五百の優婆夷《うばい》が、この長老のもとにおいて修行した。彼みずからもまた、その悟境をすすめて、三明《さんみょう》を証することを得た。そして、その後やがて死没した。

その時、あまたの比丘たちは、世尊のいますところに詣《いた》り、世尊を拝して、白《もう》して言った。

「世尊よ、かのプンナと名つくる善男子、世尊より略したる教誡を受けたてまつって西の方におもむける者は、命終わったという。彼は死してのち、いずれのところにおもむくであろうか。彼にいかなる来世があるであろうか。」

「比丘たちよ、かの善男子プンナは、賢なる者であった。彼はよく法にしたがって実践した。また彼はよく法のために悩むことがなかった。比丘たちよ、かの善男子プンナは、よくまったき涅槃に入ったのである。」

世尊はかく説きたもうた。かのもろもろの比丘たちは、世尊の説くところを聞いて、喜びを同じうした。

第九章　幸福を最勝となす

漢訳　増一阿含経　三一、五

かようにわたしは聞いた。
ある時、世尊は、サーヴァッティー（舎衛城）のジェータ（祇陀）林なる給孤独《ぎっこどく》の園にましました。その時、世尊は、多くの人々のために、法を説かれた。その席上にて、アヌルダ（阿那律）は人々の中で居ねむりをした。世尊はアヌルダの坐睡するを見て、偈を説いて言った。

「法を受けて快くねむり、
心に錯乱あることなし。
賢聖の説くところの法は、
これ智者の楽しむところ、
なお深き淵《ふち》の水のごとく、

清澄《せいちょう》にして穢《けがれ》あることなし。
かくのごとき法を聞く者は、
その心、清浄にして楽しみを受く。
また大いなる方形の石のごとく、
風のよく動かすあたわざるところ。
されば、毀《そし》らるるも誉めらるるも、
心は、ために傾き動くことなし。」

二

やがて、説法をおわりてのち、世尊はアヌルダに言った。

「なんじは、王の法律をおそれ、もしくは盗賊をおそれて、この道に到ったのであるか。」

「しからず。」

「では、なんじは、何のゆえをもって、出家してこの道を学ぶのであるか。」

「この人の世の迷いと悩みとを厭《いと》うて、これを捨離せんがために、そのゆえに、出家し道を学ばんとするのである。」

「アヌルダよ、なんじは良家の子であって、かく道を求むる心、堅固にして、出家したのである。しかるに今日、わたしがみずから法を説いていたときに、人々の中において坐睡したのはいかがしたのであるか。」

その時、アヌルダは、すっと座を起《た》って、姿勢をととのえ、胸に手を組みあわせ、ひれふして世尊を拝し、さて、白《もう》して言った。

「世尊よ、今日より以後、アヌルダは、たとい、わが身体がただれようとも、またわが四肢《し》がとけようとも、決して、如来の前にあって坐睡するようなことはいたしませぬ。」

その時より、アヌルダは、暁《あかつき》にいたるも睡らず、しかも、睡眠をのぞき去ることあたわず、ついに眼を病むにいたった。世尊は、それを知って誡めて言った。

「アヌルダよ、刻苦にすぎるは善きことではない。懈怠《けだい》は避けねばならぬが、刻苦にすぎるもまた避けねばならぬ。なんじは、その中道におらねばならぬ。」

だがアヌルダは、世尊の前に申して言った。

「世尊よ、わたしはすでに如来の前において誓いを立てた。いま私は、その誓いの心にたがうことはできない。」

そこで世尊は、名医ジヴァカ（耆婆）に、アヌルダの眼を治療せんことを依頼した。ジヴァカはアヌルダの眼を診察して、世尊に報告して言った。

「世尊よ、もし彼がすこしく睡るならば、わたしは彼の眼を治すことができるであろう。」

そこで世尊は、またアヌルダに訓《さと》して言った。

「アヌルダよ、なんじは眠らなければいけない。なんとなれば、すべてのものは養いによって存し、養いがなければ存することを得ない。眼は睡眠をもって栄養となし、耳は声をもって栄養となし、鼻は香をもって栄養となし、舌は味をもって栄養となす。わたしが説くところの涅槃にもまた栄養がある。」

「世尊よ、では、涅槃は何をもって栄養となすであろうか。」

「アヌルダよ、涅槃は不放逸をもって栄養となす。不放逸によって、人はよく涅槃にいたることができる。」

だが、アヌルダは、なお世尊の前に申して言った。

「世尊よ、眼は睡眠をもって栄養となすといえども、しかもなお、わたしは睡眠をとるに堪えない。」

そして、アヌルダの眼は、ついにつぶれた。しかし彼の肉眼はつぶれたけれども、その時、彼の心眼はひらけた。

三

ある時、アヌルダは、衣のほころびを縫おうとしていた。だが、眼をうしなった彼は、針の穴に糸を通すことができなかった。彼は心の中で、――もろもろの得道の聖者の中に、誰かわがために、針の穴に糸を通してくれるものはあるまいか――と念じた。世尊がそれを知って、アヌルダのところに行き、彼に言った。

「アヌルダよ、さあ、わたしがそれを通してあげよう。」

アヌルダは、おどろいて、世尊に申して言った。

「世尊よ、いまわたしが心の中で考えていたことは、誰ぞこの世間の聖者にして、福《さいわ》いを求めんと欲する者は、わたしのために糸を針の穴に通してくれるがよい、ということであった。」

そのとき、世尊は、彼に語って言った。

「アヌルダよ、世間の福いを求むる人、またわたしに過ぎる者はないであろう。」

それを聞いて、アヌルダは、世尊に問うて言った。

「世尊よ、如来の身はすでに真法の身であらせられる。またさらに何の求むることがあろうか。如来はすでに生死の海を渡り、愛着を脱している。しかるに、いままた、何のゆえに福いの道を求めんとするのであるか。」

世尊は答えて言った。

「アヌルダよ、如来は、六法において厭《あ》きて足ることなし、ということを知っているか。その六とは何であろうか。一には施《せ》である。二には教え誡むることである。三には忍《にん》、四には法を説き義を説くこと、五には衆生を愛護すること、六には上なき正真の道を求めること。アヌルダよ、これを、如来は六法において厭きて足ることなし、というのである。」

そして、世尊はさらに、偈を説いて、かく教えられた。

「この世にあるさまざまの力のうち、

福いの力こそ最も勝《すぐ》れている。
天界にも人界にもこれに勝《まさ》るものはない。
この福いに由って仏の道を成ずる。」

第十章　正法の嫡子

――舎利弗のことども――

南伝　中部経典　一一一　不断経

一

かようにわたしは聞いた。

ある時、世尊は、サーヴァッティー（舎衛城）のジェータ（祇陀）林なる給孤独の園にましました。

そのとき、世尊は、比丘たちに語ってかように説かれた。

「比丘たちよ、サーリプッタ（舎利弗）は賢である。比丘たちよ、サーリプッタは、はなはだ智慧にすぐれておる。

比丘たちよ、もし人ありて、――某々《ぼうぼう》はもろもろの戒において自在を得た、もろもろの慧《え》においいて自在を得た、彼は究竟《くきょう》なるものを得た。――というものあらば、サーリプッタはまさにかかる者である。彼はもろもろの戒において自在を得、もろもろの定《じょう》において自在を得、もろもろの慧《え》において自在を得、究竟なるものを得たのである。

比丘たちよ、またもし人ありて、――某々は世尊の実子である。口より生まれ、法より生まれ、法の成ずるところである。彼は法嗣《ほうし》にして肉嗣にあらず。――というものがあらば、サーリプッタはまさにかかる者である。彼は世尊の実子であり、口より生まれ、法より生まれ、法の成ずるところにして、肉嗣にあらず、法嗣たるものである。

比丘たちよ、サーリプッタは、如来によりて転ぜられし無上の法輪を、まさに正しく随って転じゆく。」

かように世尊は、サーリプッタを讃《たた》え説いた。比丘たちは、世尊の説くところを歓喜して受けた。

南伝　相応部経典　八、六　舎利弗
漢訳　雑阿含経　四五、一二一〇

二

ある時、長老サーリプッタ（舎利弗）は、サーヴァッティーの祇園精舎にあった。そのとき、彼は比丘たちのために、丁重なる言葉と、明澄なる声とで、明快なる法話を説き、彼らを利益《りやく》しかつ鼓舞《こぶ》した。彼ら比丘たちは、注意ぶかく、熱心に、耳をかたむけて聴いた。長老ヴァンギーサ（婆耆沙）は、その席にあって、感にうたれ、「わたしは今、長老サーリプッタを、適当なる偈をもって讃えよう。」と、座を起《た》ち、衣を片方の肩にかけ、長老サーリプッタを合掌し拝して言った。

「友よ、サーリプッタよ、わたしにいま、詩想がうかんだ。」

「友ヴァンギーサよ、では、そを語るがよい。」

そこで、長老ヴァンギーサは、つぎのような偈をもって、長老サーリプッタを讃えた。

「大いなる智者サーリプッタは、
智慧ふかくして、かつ賢く、
道なると道ならぬとを巧みに分かち、
比丘たちのために法を説きたもう。
あるときは略して簡潔に説き、
またあるときは開いて広く語り、
その声の明澄なるはサーリカー（舎利鳥）のごとく、
その弁舌は湧き出づる泉のごとし。
その声はまた蜜のごとく楽しく、
耳も爽かに説きゆきたまえば、
比丘たちは心おどりよろこびて、

耳をぞ傾けて聞きにける。」

三

南伝　相応部経典　八、七　自恣
漢訳　雑阿含経　四五、一二一二

ある時、世尊は、サーヴァッティー（舎衛城）の東の園なる鹿母《ろくも》講堂に、多くの比丘たちとともにましました。比丘たちはみな聖なる者であった。そのとき、あたかも布薩自恣《ふさつじし》の日にあたり、世尊は比丘たちとともに野天に脆《ひざまず》いておられた。

世尊は、沈黙せる比丘たちを眺めわたし、彼らに呼びかけて言った。

「比丘たちよ、いまわたしは自らすすんで、なんじらにたずねる。なんぞ、わたしの行為もしくは言葉のうえに、批難さるべきものがあったであろうか。」

かく言われて、サーリプッタ（舎利弗）は座を起ち、衣を一肩にして、合掌して世尊を拝して言った。

「いな、いな、世尊よ。われらは世尊の御身のうえに、行為にも言葉にも、なんら批難すべきものを見ない。世尊よ、世尊はいまだ生ぜざりし道を生ぜしめ、いまだ知られざりし道を知らしめ、いまだ説かれざりし道を説き、道の知者、道の巧者、道の導師にてましまます。わたしども弟子たちは、いまその道にしたがい、その道を赴かんとするのである。世尊よ、かくてわたしもまた自恣をなしたいと思う。世尊はなんぞわたしの行為もしくは言葉のうえに、批難すべきものを見なかったであろうか。」

「いな、いな、サーリプッタよ。わたしは、なんじの行為にも、また言葉にも、なんら批難さるべきものを見ない。サーリプッタよ、なんじは賢者である。大いなる智者である。サーリプッタよ、たとえば転輪聖王《てんりんじょうおう》の長子が、父なる王の転ぜし車輪を嗣《つ》いで転ずるがごとく、かくのごとく、なんじはわたしの転ずる無上の法輪を、正しく嗣いで転ずるであろう。」

「では世尊よ、さらに、ここに集まれる多くの比丘たちについて、なんぞその行為もしくは言葉のうえに、批難すべきものがあったであろうか。」

「サーリプッタよ、彼らの行為にも、また言葉にも、わたしはなんら批難すべきものを見なかった。」

そのとき、かの長老ヴァンギーサは、座を起ち、衣を一肩にして、世尊を拝し、世尊に言った。

「世尊よ、いまわたしに詩想がわいた。世尊よ、わたしにいま詩句が浮かんだ。」

そして、彼は世尊のゆるしを受けて、つぎのような偈を説いた。

「今宵《こよい》十五夜、身口意《しんくい》の清浄のために、
いまここに五百の比丘たち集まれり。
すべて煩悩のまどわしを断ちつくして、
また迷いの人生をくり返さざる聖者なり。
彼らみな世尊の子、法の嗣子《しし》にて、

ここに無用の弁をもちゆるものもなし。
いま渇愛《かつあい》の箭《や》を抜き去りたるもの、
ここに仏陀なる世尊を敬礼《きょうらい》したてまつる。」

第六篇

譬喩説法

第一章　布の譬喩

南伝　中部経典　七　布喩経
漢訳　中阿含経　九三　水浄梵志経

一

かようにわたしは聞いた。

ある時、世尊は、サーヴァッティー（舎衛城《しゃえいじょう》）のジェータ（祇陀《ぎだ》）林《りん》なる給孤独《ぎっこどく》の園《その》にましました。

その時、世尊は、比丘たちを呼び、説いて言われた。

「比丘たちよ、ここに穢《けが》れ垢《あか》ついた布があるとするがよい。染物工《そめものこう》がこれをとって、あるいは藍色に、あるいは黄色に、あるいは紅《べに》色に、あるいは茜《あかね》色に染めようと、これを染壺《そめつぼ》の中に浸したとするがよい。その時この布は、染色あざやかには染めあがらないであろう。何がゆえにしかるかといえば、それは布が清浄でなかったがためである。そのように、比丘たちよ、なんじらの心が穢れていたならば、悪しき結果が予期せられねばならぬのである。

また、もしここに無垢にして清らかなる布があって、これを染物工が、あるいは藍に、あるいは黄に、あるいは紅に、あるいは茜に染めようと、染壺の中に浸したとするならば、いかがであろうか。その時この布は、染色あざやかに染めあがるであろう。何がゆえにしかるかといえば、それはこの布が清浄であるをもってである。そのように、比丘たちよ、なんじらの心が清浄であったならば、よき結果を予期することができるのである。

比丘たちよ、では心のけがれとは、何であろうか。欲のむさぼり、邪《よこし》まのむさぼりは心のけがれである。瞋《いか》りは心のけがれである。恨《うら》みは心のけがれである。あやまちを覆《かく》すは心のけがれである。嫉《ねた》みは心のけがれである。吝《おし》んで施さぬは心のけがれである。詐《いつわ》り瞞《だま》すは心のけがれである。頑《かたく》なるは心のけがれである。性急なるは心のけがれである。慢《おご》るは心のけがれである。憍《たか》ぶるは心のけがれである。放逸《なおざり》なるは心のけがれである。

比丘たちよ、ある比丘は、欲のむさぼりは心のけがれであると知り、欲のむさぼりを心のけがれとして、これを捨《しゃ》離《り》することを努める。また、瞋りは心のけがれであると知り、瞋りを心のけがれとして、これを捨離することを努める。あるいはまた、その他の恨み、詐り、慢り、放逸等々を、それぞれ心のけがれであるとさとり、それぞれを心のけがれとして、捨離することを努める。

心のけがれを捨離することを努め、ついによく捨離することを得るにいたれば、彼はよく仏と法と僧とに対して、絶対なる信を持するにいたる。『かの世尊は、人々の供養に応《あた》いする方、のこる隈《くま》もなく覚りつくせる方、智慧も実践もかね具《そな》われる方である。人天《にんでん》の師たる人、覚者《ほとけ》であり、世人のあまねく尊重するところである。』と、彼は仏に対して、絶対の信をいだく。

また『世尊によりて説かれたる教法《おしえ》は、現《げん》に見られ、現に証せられ、時をへだてずして効果あるもの、なんびとにも開示せられて、よくな涅槃にみちびくものである。』と、彼は法に対して、絶対の信をいだく。また『世尊の道を行ずる人々は、よく行ない、正しく行ない、理にかない、人々の供養と合掌にあたいし、この世における無上の福田《ふくでん》である。』と、彼は僧に対して、また絶対の信をいだくにいたる。かくて、彼は、いよいよ心のけがれを離れ、解脱のことが成るのである。

比丘たちよ、このような境地にいたった比丘は、たとい浄白《じょうはく》の米食のほどこしを受けて、それに調味を加え、薬味を加えたるものを食したからとて、それは彼にとって何らの障害《さまたげ》ともならぬであろう。穢れ垢ついた布も清らかなる水に入りて洗われる時、それは清らかにして無垢なる布となるであろう。金の鉱石はるつぼに入りて、清浄にして純粋なる金となるであろう。そのごとく、心のけがれを去って、よく解脱したる比丘は、いかなる施食《せじき》を受けて、これを食するとも、それは彼にとって、何らのさまたげともならぬのである。

彼はその時、ただ慈悲の心をもって、あまねく一切をおおうて住するのである。東も西も、南も北も、上も下も、一切処にわたって、あます隈もなく、ただ広大なる、博深なる、無量なる慈悲の心をもって覆い、怒ることもなく、害《そこ》なうこともなくして、住するのである。

その時、彼の心のうちには、はっきりと解脱の自覚が成るのである。『わたしは解脱した。わが迷いの生活はすでに尽きた。清浄なる修行はすでに成った。作《な》すべきことはすでになされた。もはやこの上は、さらにかくのごとき迷いの生活をくりかえすことはないであろう。』との確信が成るのである。

　比丘たちよ、この比丘は、内心の洗浴をもって、おのれを洗い清めたということができるではないか。」

二

　その時、スンダリカ・バーラドヴァージャと呼ぶ一人の婆羅門《ばらもん》が、世尊の近くに坐していた。彼は「洗浴」と聞いて、世尊に問うて言った。

「世尊よ、あなたはバーフカー河に行かれるか。」

　世尊は答えて言った。

「婆羅門よ、バーフカー河に行って、何をしようというのか。バーフカー河に何の用事があろうか。」

　婆羅門は言った。

「世尊よ、バーフカー河は人々を解脱せしめる。実にバーフカー河はたっとい河である。バーフカー河は人々に福徳を与える。それで人々は、バーフカー河に沐浴《もくよく》して、そのなせる悪業《あくごう》を洗い浄めるのである。」

　そこで、世尊は、この婆羅門のために、偈《げ》を説いて、教えて言った。

　　バーフカー（河）に、またアディカッカ（河）に、

ガヤー（河）に、またスンダリカー（河）に、
サラッサティー（河）に、またパヤーガ（河）に、
あるいはまた、バーフマティー（河）に、
愚なる人々は常に浴すれども、
その悪《あ》しき業《ごう》は浄められない。
スンダリカーは何の用に立とうか。
パヤーガも、またバーフカーも、
何の用にか立つことを得よう。

悪しき心をいだける者の、
また罪あやまちをおかせし者の、
深き悪業を、河は浄めない。
心きよき者には常に春祭があり、
心きよき者にはつねに布薩《ふさつ》がある。
心きよく、行いきよき者には、
加行《けぎょう》おのずからに成就せられる。

婆羅門よ、来ってここに浴せよ。
生きとし生ける者に安穏《あんのん》を与えよ。
なんじもし、妄語《いつわり》をかたらず、
またもし、生ける者を害《そこな》わず、
与えられざる物を盗《と》らず、
信をうえて、貪欲《とんよく》ならざれば、
ガヤーに行いて何をか為《な》そう。
ガヤーはなんじの水槽にすぎず。

かように、説き教えられたとき、かの婆羅門は、世尊に申して言った。

「よいかな世尊、よいかな世尊、たとえば倒れたるを起すがごとく、覆《おお》われたるを顕《あら》わすがごとく、迷える者に道を教えしめすがごとく、黒闇《くらやみ》の中に燈火をもたらし来って、眼ある者は見よというがごとく、かくのごとく世尊は、わたしのために、さまざまの方便を立てて、法を顕わし示したもうた。わたしは今ここに、世尊に対したてまつり、またその教法《おしえ》に対したてまつり、またその比丘衆に対したてまつり、至心に帰依したてまつる。願わくは世尊、わたしを世尊の弟子として許したまえ。願わくは、世尊のもとにおいて出家し、修行せしめたまえ。」

世尊は、黙然としてうなずき、この婆羅門の願いをゆるしたもうた。

かくて、彼スンダリカ・バーラドヴァージャは、世尊のもとにおいて出家し、放逸ならず、勇猛、精進につとめたので、いくばくもなくして、出家の目的を達し、かの清浄なる修行を成就し、「わたしは解脱した。わが迷いの生活はすでにおわった。清浄なる修行はすでに成った。作《な》すべきことはすでになされた。もはやこのうえは、さらにかくのごとき迷いの生活をくりかえすことはないであろう。」との自覚と確信とに到達することができた。

かくて、彼は阿羅漢《あらかん》の一人、尊者バーラドヴァージャとなることを得た。

第二章　毒箭の譬喩

南伝　中部経典　六、三　摩羅迦小経
漢訳　中阿含経　二二一　箭喩経

一

かようにわたしは聞いた。

ある時、世尊は、サーヴァッティー（舎衛城）の祇園精舎にあられた。その時、ひとり離れて冥想静坐していたマールンクヤ（摩羅迦）比丘は、心の中でかように思った。

「世尊は、このような問題については説かず、捨ておきて、問えば答えることを拒む。すなわち、世界は常住であるか、無常であるか。世界は辺際《かぎり》があるか、辺際がないか。霊魂と身体とは同じであるか、別であるか。人は死後も存するか、存せぬか。このような問題について、世尊は、なにごとも説いて下さらぬ。わたしはそれが不満であって、堪えられない。そうだ、わたしはいま世尊のもとに行き、その解釈を問おう。もし世尊がいぜんとして説かれないならば、わたしは修学の業をすてて、世俗に還《かえ》ろう。」

そこで彼は、沈黙冥想の坐をたって世尊のもとにゆき、世尊を拝して言った。

「世尊よ、わたしはひとり遠きに離れ坐しているとき、心の中でかように思った。世尊は、世界の常・無常、世界の有辺・無辺等の問題については、何ごとも説かれず、問えば答えを拒まれる。わたしはそれが不満であって、堪えられない。いまわたしは、重ねて問い申す。それでも答えられぬならば、わたしは修学をすてて、世俗に還るのほかはない。世尊よ、もし世界は常住なりと知らば、かく説かれよ。もし世界は無常なりと知らば、かく説かれよ。もしまた、世界は常住とも無常とも知らぬならば、予《よ》は知らぬと説かれるのが正当である。」

二

世尊は言った。

「マールンクヤよ、わたしはかつて、なんじに、かような問題について説いてやるから、わたしのもとに来って清浄行を修するがよいと言ったことがあろうか。」

彼は答えて言った。

「世尊は、そのようには申されなかった。」

そこで世尊は、彼のために、このように説かれた。

「では、マールンクヤよ、なんじは誰であって、誰に対して不満を述べようとするのであるか。

マールンクヤよ、ここに人あって、かような問題について、わたしが語るまでは、わたしのもとで清浄の行を修しないと言ったとするがよい。そのとき、もしわたしがそれについて語らなかったならば、彼はついに清浄の行を修する機会なくして命終わるであろう。マールンクヤよ、さらに、人あって、毒箭《どくや》をもって射られたとするがよい。彼の親友たちは、彼のために医者を迎えるであろう。だが彼は、わたしを射た人はどのような人であるか。わたしを射た弓はいかなる弓であるか。わたしを傷つけた箭《や》は、簳《やがら》はいかに、その羽はいかに、その尖端はどのような形をしているか。それらのことが知られぬうちは、この箭を抜いてはならぬ、と言ったとするがよい。マールンクヤよ、もしそうすると、彼はそれらのことを知ることを得ずして、命終わるであろう。

マールンクヤよ、世界は常住であるとか、または無常であるとかの見解があっても、清浄の行が成る道理はない。むしろ、それらの見解があるところには、いぜんとして、生老病死、愁悲苦悩がとどまり存するであろう。わたしは、この現在の生存において、それらを征服することを教えるのである。

その故に、マールンクヤよ、わたしの説かないことは、説かれぬままに受持せねばならぬ。わたしの説いたことは、説かれたままに受持せねばならぬ。マールンクヤよ、世界の常・無常、有辺・無辺などのことは、わたしはこれを説かない。なにゆえに説かないのであるか。実にそれは、道理の把握に役立たず、正道の実践に役立たず、厭離、離欲、滅尽《めつじん》、寂静《じゃくじょう》、智通、正覚、涅槃に役立たぬからである。その故に、わたしは説かないのである。

マールンクヤよ、それでは、わたしの説いたものとは何であるか。『これは苦である』とわたしは説いた。『これは苦の集起《おこり》である』とわたしは説いた。『これは苦の滅である』とわたしは説いた。また『これは苦の滅にいたる道である』とわたしは説いた。ではなにゆえにわたしは、それらのことを説いたのであろうか。実にそれは、道理の把握をもたらし、正道の実践に基礎をあたえ、厭離、離欲、滅尽、寂静、智通、正覚、涅槃に役立つからである。マールンクヤよ、その故に、わたしの説かないことは、説かれぬままに受持するがよい。わたしの説いたことは、説かれたままに受持するがよい。」

世尊はかく説かれた。マールンクヤは歓喜して、世尊の教えを信受した。

第三章　火は消えたり

南伝　中部経典　七二　婆蹉衢多火喩経
漢訳　雑阿含経　三四、二四　見

一

かようにわたしは聞いた。

ある時、世尊は、サーヴァッティー（舎衛城）の祇園精舎にあられた。その時、ヴァッチャ（婆蹉）という外道《げどう》の行者が、世尊を訪ねてきた。二人は友誼《ゆうぎ》にみち礼譲ある挨拶を交わしてから、さて彼は世尊に問うて言った。

「世尊よ、あなたは、世界は常住であると思われるか。これのみが真であって、他は虚妄であると思われるか。」

「ヴァッチャよ、わたしは、そうは思わない。」

「では、世尊は、世界は常住でないという意見であるか。」

「そうではない。」

「しからば世尊よ、あなたは、世界には辺際《かぎり》があると思われるか。」

「わたしは、そうは思わない。」

「では、世尊は、世界は辺際がないという意見であろうか。」

「そうでもない。」

さらにヴァッチャは、霊魂と身体は同一であるか別であるか、人は死後にもなお存するか存しないか等のことについて、世尊がいずれの意見であるかを問うた。だが、世尊は、そのいずれの意見をもとらない旨を答えた。

二

かくて、ヴァッチャは、さらに問うて言った。

「いったい、世尊は、いかなるわざわいを見るが故に、かように一切の見解をしりぞけられるのであるか。」

すると世尊は、かように教えて言った。

「ヴァッチャよ、世界は常住であるというのは、それは独断に陥っているものであり、見惑《けんわく》の叢林《はやし》に迷いこみ、見取《けんしゅ》の結縛《けつばく》にとらわれているのである。それは、苦をともない、悩みをともない、破滅をともない、厭離、離欲、滅尽、寂静、智通、正覚、涅槃に役立たない。世界は常住でないといっても、あるいは、世界は辺際があるといっても、辺際がないといっても、あるいは、霊魂と身体とは同じであるといっても、別であるといっても、あるいはまた、人は死後にもなお存すといっても、存せぬといっても、また同じことである。」

ヴァッチャは、そこでまた問うて言った。

「しからば、世尊よ、あなたは見惑に陥るということが、まったくないであろうか。」

世尊は、それに答えて、こう言った。

「ヴァッチャよ、わたし自身においては、見惑、見取に陥るということはない。わたしは、実に、このように考えるのである。――かようにして色《しき》(現象)があり、かようにして色の因があり、かようにして色の滅がある。また、かようにして受《じゅ》があり、かようにして受の因があり、かようにして受の滅がある。そして、想についても、行《ぎょう》についても、識についても、また同じである。――かように考えるが故に、わたしは一切の幻想をすて、一切の迷妄を断ち、一切の我見を離れて、執著することもなく、解脱したというのである。」

三

ヴァッチャは、さらにまた、問うて言った。

「世尊よ、では、かくのごとくにして心解脱《しんげだつ》せる者は、いずこに赴きて生ずるのであろうか。」

「ヴァッチャよ、赴き生ずるというのは、適当ではない。」

「では、どこにも赴き生ぜぬというのであろうか。」

「ヴァッチャよ、赴き生ぜぬというのも、適当ではない。」

「世尊よ、それでは、わたしはまったく解らなくなってしまった。以前に世尊と対坐問答することによって、わたしの得た深い確信すらも、すっかり消え失せてしまった。」

すると世尊は、彼のために、このように説明せられた。

「ヴァッチャよ、なんじがまったく解らなくなったというのは、当然であろう。ヴァッチャよ、この教法《おしえ》は、はなはだ深く、知りがたく、すぐれて微妙であって、智慧ある者のみが知りうるところのものである。他の見解にしたがっている者や、他の行を修している者には、とうてい知られ難いものであろう。だが、ヴァッチャよ、わたしはさらに、なんじのために説こう。いまわたしが、なんじに問うから、思いのままに答えるがよい。ヴァッチャよ、もしなんじの前に、火が燃えているとしたならば、なんじは、――火が燃えている――と知ることができるか。」

「むろんである。」

「では、ヴァッチャよ、この火は何によって燃えるのであるかと問われたならば、なんじは何と答えるか。」

「それは、この火は、薪《まき》があるから燃えるのだと、わたしは答える。」

「では、もしなんじの前で、その火が消えたならば、なんじは、火は消えた、と知ることができるか。」

「むろんである。」

「では、ヴァッチャよ、かの火はどこに行ってしまったかと問われたならば、なんじはいかに答えるか。」

「世尊よ、それは問いが適当ではない。かの火は、薪があったから燃えたのであり、薪が尽きたから消えたのである。」

そこで、世尊は、うなずいて、さて説いて言った。

「ヴァッチャよ、まったくその通りである。そしてそれと同じように、かの色《しき》をもって人を示す者には、色が捨てられ、その根は断たれる時、その人はすでになく、また生ぜざるものとなるであろう。その時、ヴァッチャよ、人は色より解脱したのである。それは甚深《じんじん》無量にして底なき大海のごとくであって、赴きて生ずるというも、赴きて生ぜずというも、当たらないであろう。そして、ヴァッチャよ、受《じゅ》についても、想についても、行についても、識についても、また同じである。」

かように世尊が説かれるのを聞いて、ヴァッチャは豁然《かつぜん》としてさとることができた。そして、世尊に白《もう》して言った。

「世尊よ、まことに、大なる沙羅《しゃら》の樹が、葉おち、枝おち、樹皮も脱落し、膚《ふ》材も脱落して、ただ心材のみが残って立っているかのように、世尊の説かれるところは、一切を脱落して、ただ心材においてのみ確立している。偉《えら》なるかな世尊、あたかも倒れたるを起こすがごとく、覆われたるを現わすがごとく、迷える者に道を教えるがごとく、あるいはまた、闇の中に燈火をもたらして、眼ある者は見よというがごとく、世尊はさまざまな方便をもって、わたしに法を示したもうた。わたしはここに、世尊に帰依したてまつり、世尊の教法に帰依したてまつり、世尊の比丘僧伽《サンガ》に帰依したてまつる。願わくは、世尊よ、今日よりはじめて、わたしの命終わるまで、わたしを在家の信者として容れたまわんことを。」

第四章　我れも耕す

南伝　相応部経典　七、一一　耕田
漢訳　雑阿含経　四、一一　耕田

一

かようにわたしは聞いた。

ある時、世尊は、マガダ（摩揭陀）の国の南山なるエカサーラーという婆羅門村にあらせられた。そのころ、耕田と呼ばれるバーラドヴァージャ（婆羅堕婆闍）婆羅門は、種まきの時にあたって、五百の鋤《すき》の用意をととのえていた。

ある日、朝はやく、世尊は、衣をつけ、鉢をとり、托鉢のために、かの耕田なる婆羅門の仕事場におもむかれた。ちょうど、その時、かの婆羅門は、人々に食物の分配をしていた。世尊はその場にいたって、その傍に立った。それを見て、かの婆羅門は、世尊にむかって言った。

「沙門よ、われらは自ら田を耕し、種をまき、しかる後に食する。沙門よ、なんじもまた、自ら田を耕し、種をまいて、しかる後に食するがよい。」

世尊は、答えて言った。

「婆羅門よ、われもまた、耕し、種まく。耕し種まいて、しかる後に食するのである。」

だが、世尊は鋤も持たず、牛も引かず、しかも耕し種まくという意味を、かの婆羅門は解することを得なかった。

「沙門よ、なんじは、——われもまた耕し、種まく——というが、われらはいまだかつて、なんじの耕す姿をみたことがない。なんじの鋤はいずくにあるか。なんじの牛はどこにいるか。」

かく問われた時、世尊は説いて言った。

「婆羅門よ、信仰はわが播《ま》く種である。智慧はわたしの耕す鋤である。身において、口において、また意において悪業をまもるは、わたしの田における除草である。精進はわが牛であって、行いて退くことなく、行いて悲しむことがない。かくのごとく私は耕し、かくのごとく私は種をまいて、甘露《かんろ》の果《み》を収穫するのである。」

そして世尊は、さらに偈《げ》を説いて、このことを示したもうた。

二

婆羅門はその意を理解して、世尊に言った。

「尊者よ、尊者はすぐれたる農夫にまし
ます。尊者が耕し播くというは、不死の果のためであることを、わたしは理解することを得た。では尊者よ、この食を受けたまえ。」

だが世尊は、この施食《せじき》をしりぞけて、説いて言った。

「偈を説いて、わたしは食を得るものではない。婆羅門よ、かかることは知見あるもののなすべきことではない。覚者たるものは、誦偈《じゅげ》による賃を受けてはならぬ。婆羅門よ、覚者はただ法に住するのであって、それが覚者の生活の道である。婆羅門よ、されば、もろもろの煩悩つきて、後悔のともなう行為をなすことなき、まったき聖者に対して、飯食《ぼんじき》をもって奉施するがよい。かかる施食は、功徳をもとめる者の福田であるからである。」

かく説き教えられて、かの耕田なる婆羅門は、世尊に白《もう》して言った。

「世尊よ、世尊は最勝にてあらせられる。世尊よ、世尊は、たとえば、倒れたるものを起こすがごとく、覆われたるものを現わすがごとく、迷える者に道を示すがごとく、暗《やみ》の中に光をもたらして、眼ある者は見よというがごとく、かくのごとく世尊は、さまざまに法を説かせたもう。私はいま、世尊と、法と、僧伽とに帰依したてまつる。世尊よ、願わくは、今日よりはじめて命終わるにいたるまで、帰依したてまつる優婆塞《うばそく》として、私を許し容《い》れたまわんことを。」

第五章　彼の岸に渡す

南伝　中部経典　三四　牧牛者小経
漢訳　雑阿含経　四七、八　牧牛者

一

かようにわたしは聞いた。

ある時、世尊は、ヴァッジ（跋耆）の国のウッカーチェーラーなる地においてガンガー（恒河）の河岸にましましました。その時、世尊は、比丘たちのために、次のように説かれた。

「比丘たちよ、むかしマガダ（摩掲陀）国に、一人の愚かなる牛飼いがあった。雨期の最後の月もすぎて、彼は、牛の群をひきいて、ガンガーの彼《か》の岸に渡らんとしたが、彼は、この岸をもよく観察せず、また彼の岸をもよく観察せず、渡し場にあらざるところを、牛の群を駆って渡さんとしたために、牛どもは河の流れの中ほどにいたって、密集して、たちまち溺死するという厄《わざわ》いに遇《あ》ってしまった。それはなぜかというに、よく観察しなかったからにほかならぬ。

比丘たちよ、それとおなじく、いかなる沙門にあれ、また婆羅門にあれ、もし彼らが、この世界をよく知らず、また彼の世界をもよく知らず、観察のいたらぬものがあったならば、彼らについて聴いて信ぜんとする人々は、ながき不幸を見ねばならぬであろう。

比丘たちよ、むかしまた、マガダの国に、一人の智慧ある牛飼いがあった。彼もまた、雨期の最後の月もすぎて、牛の群をひきいて、ガンガーの彼の岸に渡らんとした。彼はこの岸をよく観察し、また彼の岸をよく観察して、よき渡し場によって、牛どもを対岸に渡そうとした。すなわち、彼はまず牛どもの中でもっとも強いものを流れに入れ、よく流れを横切って、完全に、彼の岸に到らしめた。つぎには、牛の群の中で比較的に強いもの、よく馴らされたものを流れに入れて、またよく流れを横切って、無事に彼の岸にいたらしめた。そして、最後には、まだ力の弱い犢《こうし》たちや、乳ばなれしたばかりの牛どもを流れに入れたのであるが、彼らもまた、すでに彼の岸に渡った母牛どもの吼《ほ》ゆる声にひかれ励まされて、無事に流れをよぎって、彼の岸に到ることを得しめたのであった。それは何のゆえかというに、彼がよく観察し、よく導くことを得たからにほかならない。

比丘たちよ、それとおなじく、いかなる沙門にあれ、また婆羅門にあれ、もし彼らが、この世界をよく知悉《ちしつ》し、また、かの世界をもよく知りつくし、観察充分にしてよく導くことを得るならば、彼らについて、聴いて信ぜんとする人々は、ながき幸福を見ることができるであろう。

比丘たちよ、牛の群のなかにおいて、最初にガンガーの流れを渡った力強き牛どものごとく、比丘たちの中においても、すでに煩悩を断滅し、修行を成満《じょうまん》し、所作《しょさ》すでに弁じおわれる者もあり、彼らはすでに、魔の流れを横切って、安穏に彼岸に到れるものである。また、比丘たちよ、かの牛の群のなかにおいて、よく馴らされ、比較的に強きものは、ついで流れを渡ることを得たように、比丘たちの中においても、すでに三結《さんけつ》を断ち、貪《とん》・瞋《じん》・痴《ち》もうすく、正覚に決定せる者もあり、彼らもまた、やがて魔の流れを横切って、無事に彼岸に到るであろう。さらにまた、比丘たちよ、乳離れしたばかりの牛や、力弱い犢たちも、すでに彼《か》の岸にある母牛たちの吼ゆる声にひかれ励まされて、ついに流れを渡ることを得たごとく、比丘たちの中にありても、いまだ煩悩の力強く、修行の力弱きものもあれど、彼らもまた、よく法にしたがい、信に依《よ》らば、やがて魔の流れを渡って、彼の岸に到ることを得るであろう。

比丘たちよ、わたしは、この世界をよく観察し、また、かの世界をよく観察し、すべての世界を知りつくして、正覚者、一切知者となった。されば、比丘たちよ、このわたしについて、聴いて信ぜんとする者は、ながく利益と幸福とを見ることができるであろう。」

第六章　巌の山の譬喩

南伝　相応部経典　三、二五　山の譬喩
漢訳　雑阿含経　四二、一一四七

かようにわたしは聞いた。

ある時、世尊は、サーヴァッティー（舎衛城）のジェータ（祇陀）林なる給孤独《ぎっこどく》の園にあられた。

そのとき、世尊は、久々に訪れてきたコーサラ（拘薩羅）国の王パセーナディ（波斯匿）をかえりみて、問うて言った。

「大王よ、王はいったい、いずれに行っておられたか。」

「世尊よ、広大なる領土を有し、主権をにぎり、国家の保全をはからねばならぬ王には、さまざまの王事があるので、わたしは、それらの王事に多忙であった。」

「大王よ、では、このような場合、王はいかに考えられるか。ここに王の信頼する一人の者が、東の方より急ぎ来って、『大王よ、私は東の方から馳せ来ったのであるが、かしこにてわたしは、虚空《こくう》のような大きな山が、一切の生けるものを圧《お》しつぶしながら、こなたに進んでくるのを見た。大王よ、急ぎなすべきことをなしたまえ。』と告げたとするがよい。その時、また、西の方からも、王の信頼する一人の者が馳せ来って、西の方からも同じく、大いなる山が一切を圧殺しつつ進んでくると報告したとするがよい。さらに、北の方からも、また南の方からも同じように注進する者があったとするがよい。大王よ、それは恐るべき事態であり、人類の破滅のときであり、もはや人身をふたたび受けることも難いであろうと思われる。そのような事態にたちいたったとき、王は何のなすべきことがあると思われるであろうか。」

「世尊よ、そのような事態にたちいたっては、ほかに何のなすべきことがあろうか。ただなすべきことは、法にしたがって行ずること、善業をなし、功徳をつむことのほかにはあろうか。」

「大王よ、わたしは王に説かねばならぬ。いま、老死は大いなる岩山のごとく、王の身の上に押しせまり来っているのである。この事態において、王はさらに、何のなすべきことがあろうか。」

「世尊よ、仰せのごとく、老死は大なる岩山のごとく、わたしの上に押しせまって来ている。この時に及んで、さらにわたしに何のなすべきことがあろうか。世尊よ、大王たるわたしには、強大なる軍隊がある。しかしながら、巌《いわお》の山のごとく押しせまってくる老死に対して、それが何の防禦の役に立とうか。また、わたしには呪《じゅ》をよくする大臣があり、彼らはわたしのために呪をもって、攻めきたる敵を破ることができる。しかしながら、呪の力をもってしても、押しせまってくる老死には何の役に立とうか。また、わが王宮には莫大なる黄金を蔵しており、わたしはこれをもって、敵を買収し説得することもできる。しかしながら、これらの財宝の力も、老死の押しせまり来ることを、いかんとすることを得ぬであろう。

まことに世尊よ、わが上に巌の山のごとく老死の押しせまってくるとき、わたしのなすべきこととては、ただ法にしたがって行ずること、善業をなし、功徳をつむことのほかに何ごとがあろうか。」

「大王よ、実にその通りである。王の上にも、老死は刻々と押しせまってくる。この時、王のなすべきことは、ただ法にしたがって行じ、善業功徳《ぜんごうくどく》をつむのほかに、何のなすべきこともないのである。」

第七章　野中の水の譬喩

南伝　相応部経典　三、一九　子を持たず
漢訳　雑阿含経　四六、一二三二

かようにわたしは聞いた。

ある時、世尊は、サーヴァッティー（舎衛城）のジェータ（祇陀）林なる給孤独の園にあられた。

その時、コーサラ（拘薩羅）国の王パセーナディ（波斯匿）は、ちょうど日盛りの中を、世尊のもとに訪れてきた。

「大王よ、この暑いさかりの中を、いったいどこに行って来られた。」

と世尊は問いかけた。

「世尊よ、このサーヴァッティーの一人の長者が死んで、彼には後継ぎがなかったので、わたしが行って、その財産を王室に収容してきたのである。

世尊よ、その財産は、金のみで八百万金あり、銀についてては量り知れないほどであったが、あの莫大な富を有したかの長者は、実にひどい生活をしていたもので、その食べ物は、糠《ぬか》をまぜた酸っぱい粥を食い、その着物は、大麻《たいま》の粗末な布をつぎはぎしたものを着、その車は木の葉を天蓋《てんがい》にしたぼろ車であった。」

「大王よ、なるほど、そうであったか。大王よ、いったい、心卑《いや》しい人は、莫大な富をもちながら、それを正しく受用することができぬものである。自ら楽しむこともなく、人を喜ばしめることも知らぬ。父母を楽しませず、妻子を喜ばせず、奴碑《めしつかい》をも喜ばしめず、朋友をも喜ばしめず、沙門や婆羅門に施しをなすことも知らぬ。かくて、その財産は正しく受用せられることなく、あるいは王に没収され、あるいは盗賊にうばわれ、あるいは火に焼かれ水に流され、あるいはまた愛せざる相続者にうばいとられる。大王よ、かくのごとく、正しく用いられぬ富は、滅びゆきて用をなさぬ富といわねばならぬ。

大王よ、たとえば、人なき境に池があって、その水は清く、冷たく、甘く、その岸は美しくとも、もし、人がその水を運ぶこともなく、飲むこともなく、浴することもなく、なんら正しく受用せらるることがなかったならば、その水は、用いらるることなくして滅ぶるであろう。それと同じく、心卑しき人は、富を得ても、自ら楽しむこともなく、人を喜ばしめることもなきが故に、その富は、正しく用いらるることなく、用をなさずして滅びゆく。

大王よ、それに反して、善き人は、大いなる富を得れば、これを正しく受用することを得るのである。彼はそれによって、自ら楽しみ、かつ人を喜ばしめる。父母を楽しませ、妻子を楽しませ、奴碑を喜ばしめ、朋友を利し、沙門、婆羅門に施しをなす。かくて彼の財宝は、正しく受用されて、王に没収せらるることもなく、盗賊、水火に奪われることもなく、愛せざる相続者によって継がるることもないであろう。大王よ、かくて、善き人の富は、正しく用いられて、滅びゆくことがない。大王よ、たとえば、人里ちかきほとりに池があって、その水は清く冷たく甘く、その岸も楽しげであるならば、人々来って、その水を運び、あるいは飲み、あるいは浴するなど、大いに利用するであろう。大いに受用せらるるが故に、その水は、滅ぶるのではなく、生かされているのである。それと同じく、善き人は、富を得て、自ら楽しみ、また人を喜ばしむるが故に、その富は正しく生かされて、滅びゆくことがないのである。」

第八章　四種の人の譬喩

南伝　相応部経典　三、二一　人
漢訳　雑阿含経　四二、一一四六

かようにわたしは聞いた。

ある時、世尊は、サーヴァッティー（舎衛城）のジェータ（祇陀）林なる給孤独の園にあられた。

その時、コーサラ（拘薩羅）国の王パセーナディ（波斯匿）が訪れてきた。世尊は、王に対して、つぎのように説かれた。

「大王よ、世には四種の人がある。四種の人とは、どのような人であろうか。それは、闇より闇におもむく者、闇より光におもむくもの、光より闇におもむく者、および、光より光へとおもむく人である。

では、大王よ、闇より闇におもむく者とは、どのような人であろうか。大王よ、ここに一人の人があって、卑しい家に生まれ、貧しい生活をいとなみ、しかも、身に悪しき行ないをなし、語に悪しき行ないをなし、また意に悪しき行ないをなすならば、いかがであろうか。彼は死して後は悪しき処におもむくであろう。大王よ、闇より闇におもむく者というのは、かかる人をたとえて言うのである。

また大王よ、闇より光におもむく者とは、いかなる人であろうか。大王よ、ここに一人の人があって、卑しい家に生まれ、貧しい生活をいとなんでいるが、しかも彼は身においても、語においても、意においても、善き行ないをなしたとせば、いかがであろうか。彼は、死して後には、善き処に生まれるであろう。大王よ、闇より光におもむく者というのは、かかる人をいうのであって、また譬《たと》うれば、彼は、地上より馬の背にのり、馬の背より象の背にのり、あるいは象の背より高楼《こうろう》に昇るにひとしいということができる。

また大王よ、光より闇におもむく者というのは、いかなる人であろうか。大王よ、ここに一人の人があって、高貴なる家に生まれ、富みかつ幸いなる生活をいとなみながら、しかも彼は、身において、語においても、また意においても、悪しき行ないをなしたならば、いかがであろうか。彼は死しての後は悪しき処に行かねばならぬ。大王よ、かかる人は、高楼より象の背にくだり、象の背より馬の背にくだり、馬の背より地上にくだり、地上より地下の闇《くら》き処にくだるにひとしい。大王よ、光より闇におもむく者というのは、かかる人をたとえて言うのである。

さらにまた、大王よ、光より光におもむく人というは、いかなる人のことであろうか。大王よ、ここに一人の人があって、高貴なる家に生まれ、富みかつ幸いなる生活をいとなみ、しかも彼は、身にも、語にも、また意にも、善き行ないをなしたならば、いかがであろうか。彼は、死しての後はまた善き処に生を受けるであろう。大王よ、かかる人は、馬の背より馬の背にうつり、象の背より象の背にうつり、高楼より高楼にうつるにひとしい。大王よ、光より光におもむく者というのは、かかる人を譬えて言うのである。」

第七篇

最後の説法

第一章　七つの法

南伝　長部経典　一六　大般涅槃経
漢訳　長阿含経　二―四　遊行経

一

かようにわたしは聞いた。

ある時、世尊は、ラージャガハ（王舎城）の霊鷲山《りょうじゅせん》にましました。そのころ、ヴェデヒー（韋提《いだい》希《け》）夫人の子にして、マガダ（摩《ま》掲《か》陀《だ》）の王であったアジャータサッツ（阿《あ》闍《じゃ》世《せ》）は、ヴァッジー（跋祇）人を征服したいと考えていた。そこで王は、大臣なるヴァッサカーラ（雨勢）婆羅門に命じて言った。

「されば婆羅門よ、なんじ世尊を訪ね、予の言葉として、世尊には無事健勝にわたらせ給うやと問うがよい。そしてまた、申すがよい。『世尊よ、王はヴァッジー人を征服したいと欲している。彼らがいかに強力にして威力あろうとも、王は断じて彼らを伐《う》ち、彼らを根絶せしむると申してお る』と。そして、世尊がそれについて教誡《きょうかい》せられ給うところを、よく憶念して、そのままに予に語るがよい。」

命をうけて、大臣ヴァッサカーラは、ラージャガハをいでて霊鷲山にいたった。あつき挨拶の言葉を述べてのち、彼は王の命ずるままを、世尊に申して言った。そのとき、侍者《じしゃ》のアーナンダ（阿難《あなん》）は、世尊のうしろに立って、世尊を扇《あお》いでいたが、世尊はふと彼をかえりみ、彼に語りかけて言った。

「アーナンダよ、なんじは、ヴァッジーの人々がしばしば集会し、集会には多くのものが出ると聞いているか。」

「世尊よ、彼らはしばしば集まり、多くのものが集まるとのこと。」

「しからばアーナンダよ、そのことの行なわれるかぎり、彼らに繁栄は期待せられ、衰亡はないであろう。ではアーナンダよ、なんじは、また、ヴァッジーの人々が、ともに集まり、ともに起《た》ち、ともに為すべきことをなすと、聞いているかどうか。」

「世尊よ、彼らは、ともに集まり、ともに起ち、ともに為すべきことをなしているとのこと。」

「ではアーナンダよ、そのことの為さるるかぎり、彼らには繁栄が期待せられ、衰亡のおそれはあるまい。またアーナンダよ、では彼らは、かつて定められざることを定めず、定められたることは破らず、よく往昔《むかし》のヴァッジー人の法にしたがっていると、なんじは聞いたことがあろうかどうか。」

「世尊よ、彼らは、新しきは定めず、ふるき定めは破らず、往昔《おうじゃく》の法によくしたがっているとのこと。」

「しからば、アーナンダよ、そのことの存するかぎり、彼らには衰亡のおそれはなく、ただ繁栄のみが期待せられるであろう。だがアーナンダよ、なんじはまた、彼らが古老を敬い、その言《ことば》を聴くべきであると思っていると、聞いたことがあるであろうか。」

「世尊よ、彼らは古老をよく敬い尊び、その言には耳を傾けねばならぬと考えているとのこと。」

「しからば、アーナンダよ、そのことの忘れられざるかぎり、彼らには繁栄が期待せられ、衰亡はあるまい。だが、アーナンダよ、またなんじは、彼らは良家の子女を暴力をもって連れ出し、拘禁《こうきん》するがごときことはないと、聞いたことがあるであろうか。」

「世尊よ、彼らには、かかることはないと、わたしは聞いた。」

「しからば、アーナンダよ、かかることのなきかぎり、彼らには繁栄ありて、衰亡はあるまい。だがアーナンダよ、またなんじは、彼らはヴァッジーの廟《びょう》を敬い、ふるき法にしたがって供養を廃しないと、聞いたことがあるであろうか。」

「世尊よ、彼らはよくそのように致していると、私は聞いた。」

「しからば、アーナンダよ、そのことの努めらるるかぎり、彼らには繁栄あって、衰亡はあるまい。さらにまたアーナンダよ、なんじは彼らが聖者にたいして、正当な保護と支持とを与えると聞いたことがあるかどうか。」

「世尊よ、彼らは、聖者に保護と支持をあたえ、聖者のその領内に入るをよろこび、聖者をその領内に安住せしめると、わたしは聞いた。」

「しからばアーナンダよ、彼らにその心持の存するかぎり、繁栄は期待せられ、衰亡のおそれはない。」

そこで世尊は、大臣ヴァッサカーラにむかって教えて言った。

「婆羅門よ、わたしはかつて、ヴァッジーの人々のために、これらの七つの繁栄の法（七不退法）を説いたことがあるが、婆羅門よ、この七つの法が彼らの間に存し、彼らを導き教えているかぎり、彼らの繁栄はつづき、彼らは衰亡することはないであろう。」

かく言われて、婆羅門なる大臣のヴァッサカーラは、世尊に申して言った。

「ああ、世尊よ、その一つの法を具するだに、ヴァッジーの人々は征服しがたいであろうに、いわんや七つの法をことごとく具するといわば、また何をか言おう。ああ、世尊よ、わが王は、彼らの間に不和のおこらざるかぎり、彼らを征服することあたわぬであろう。では世尊よ、わたしは帰命《きめい》せねばなりませぬ。御健勝にわたらせ給え。」

二

大臣ヴァッサカーラが去って間もなく、世尊はアーナンダに命じて言った。

「アーナンダよ、なんじは行きて、ラージャガハ（王舎城）の近くにいる比丘たちを、みな講堂に集めるがよい。」

「畏《かしこま》りました、世尊。」

と答えて、アーナンダは、その附近にいる比丘たちを、すべて講堂に集めた。集まりおわって、アーナンダは世尊に報じて言った。世尊は座を起《た》って講堂におもむき、設けの席について、比丘たちに語って言った。

「比丘たちよ、わたしは今、七つの不退法をなんじらに教えよう。なんじらは、それをよく聴いて憶念するがよい。

比丘たちよ、なんじらがしばしば集まり、多く集まるであろう間は、なんじらには繁栄が期待せられ、衰亡のおそれはないであろう。

また比丘たちよ、なんじらは、ともに集まり、ともに起ち、ともに僧伽の為すべきことを行なうがよい。そのことのよく行なわるる間は、比丘たちよ、なんじらには繁栄が期待せられ、衰亡のおそれはないであろう。

また比丘たちよ、なんじらは、かつて制定せられなかったことは新たに制定せず、すでに制定せられてあることは破らず、制定せられたる学処（律《りつ》）によく従って行ずるがよい。そのことの守らるるかぎり、比丘たちよ、なんじらには繁栄が期待せられ、衰亡のおそれはないであろう。

また比丘たちよ、なんじらは、経験あり出家して久しき長老たち、僧伽の師父であり導師である長老たちを、敬い尊びて彼らの言《ことば》に聴くところあらねばならぬ。その心がけのあるかぎり、比丘たちよ、なんじらには、繁栄は期待せられ、衰亡のおそれはないであろう。

また比丘たちよ、なんじらは比丘として、愛欲のことを思うてはならぬ。愛欲のなんじらを支配することなきかぎり、比丘たちよ、なんじらには、繁栄のみが期待せられて、衰え亡ぶることはないであろう。

また比丘たちよ、なんじらは比丘として、ひとり空閑処《くうかんじょ》に住して修行することを好むべきである。そのことが望まるるかぎり、比丘たちよ、なんじらには、繁栄のみが期待せられて、衰え亡ぶることはないであろう。

また比丘たちよ、なんじらは比丘としてよく自覚に住し、名利《みょうり》をむさぼることなく、他を先にし、己れを後にし、よき修行者とともに、こころよく住するがよい。かくのごとく住するかぎり、比丘たちよ、なんじらには繁栄のみ期待せられて、衰亡のおそれはないであろう。

比丘たちよ、これがなんじらの、七つの不退法である。この七つの繁栄の法が、よく比丘たちの間に存し、比丘たちが、この七つの法によりて、教え導かるる間は、比丘たちよ、なんじらには、繁栄のみが期待せられ、衰亡のおそれはないのである。」

さらに世尊は、この霊鷲山にありて、比丘たちのために、かずかずの法話をなしたもうた。それらは、あるいは戒《かい》につき、あるいは定《じょう》につき、また慧《え》についてであった。戒とともに修せられる定、その成果大にして利益も大きい。定とともに修せられる慧は、またその成果大きく利益も大である。さらに慧とともに修せられる心は、もろもろの煩悩より、まったく解脱するであろう。

第二章　自らを燈明とせよ

南伝　長部経典　一六　大般涅槃経
漢訳　長阿含経　二―四　遊行経

一

ここに世尊は、ラージャガハ（王舎城）にしばし止住せられたる後、また諸方を遊行《ゆぎょう》せられ、行きゆきて、パータリ（巴陵弗）村《ガーマ》に到りたもうた。村の在俗の信者たちは、「世尊はこの村に到りたもうた」と聞いて、赴いて拝し、「世尊、願わくは、われらの休息所にましまさんことを」と請《こ》うた。世尊は請いによりて、休息所に入り、彼らのために法を説かれた。

「家長たちよ、およそ、人もし戒を犯さば、戒なきことによりて、五つの禍《わざわい》あるであろう。その五つとは、何であろうか。

まず、家長たちよ、戒を犯し、戒なき者は、放逸《おこたり》のために財をうしない、食を失するにいたる。これ戒なき者の第一の禍である。

また、家長たちよ、戒を犯し、戒なき者には、悪しき世評がひろがるにいたる。これが戒なき者の第二の禍である。

さらにまた、家長たちよ、戒を犯し、戒なき者は、いかなる社会にあっても、人々の尊敬を受くることを得ない。これが戒なき者の第三の禍である。

さらにまた、家長たちよ、戒を犯し、戒を保たざる者には、悩み多く、彼は悩乱のうちに死する。これが戒なき者の第四の禍である。

またさらに、家長たちよ、戒を破り、戒を持《じ》せぬ者は、命終わりてのち、悪しき果を負うてゆかねばならぬ。これが無戒者の第五の禍である。

家長たちよ、しかるに、もし人よく戒を修め行なわば、戒を持することによりて、五つの利益があるであろう。その五つとは何であろうか。

まず、家長たちよ、戒を修め戒を持する者は、放逸なきの故をもって、財ゆたかにして、食に富むであろう。これが戒を持する者の第一の利益である。

また、家長たちよ、戒を修め戒を持する者には、よき名声がひろがるにいたる。これが戒を持する者の第二の利益である。

さらにまた、家長たちよ、戒を修め戒を持する者は、いかなる社会にあっても、人々の尊敬を受くることができる。これが戒を持する者の第三の利益である。

さらにまた、家長たちよ、戒を修め行ない、戒を持する者は、悩み少なく、悩乱のうちに死することがない。これが戒を持する者の第四の利益である。

またさらに、家長たちよ、戒を行ない修め、戒を持する者は、命終わりてのち、善き果を負うて、天の世界に生まるることを得るであろう。これが持戒者の第五の利益である。」

世尊の説法は夜ふけるまでつづいた。在俗の信者たちは、励まされ、歓ばしめられて、去っていった。

二

そのころ、パータリ村においては、マガダ（摩掲陀）国の大臣ヴァッサカーラ（雨勢）の総指揮のもとに、ヴァッジー（跋祇）族の侵入をふせがんがために、ここに都城をきずいていた。世尊は、このことを知り、この地の相を観察して、アーナンダ（阿難）に語って言った。

「アーナンダよ、ここに聖者の住するかぎり、また、商人の集まりきたるかぎり、この土地は、やがてもっとも繁栄する都城となるであろう。されど、将来、戒心すべき三つの危難がある。その一つは火、その二つは水、その三つは内部の不和である。」

やがて、世尊は、大臣ヴァッサカーラの供養をうけ、彼に教えを説いてののち、この村を辞して、ガンガー（恒河）の渡し場へとむかった。ヴァッサカーラは、世尊の後にしたがい、世尊を見送りながら思った。

「今日、沙門ゴータマ（瞿曇＝世尊）の出でられる門を、わたしはゴータマ門と名づけよう。また、そのガンガーを渡られる渡し場をゴータマ渡し場と名づけよう。」

そして、世尊の出で給うた門は、やがてその名をもって呼ばれることとなった。渡し場に立たれた世尊は、人々が、あるいは舟を求め、あるいは筏《いかだ》を求め、あるいは桴《うき》をつくって、河を渡りゆくさまを眺めた。河には水がみちて、岸の烏《からす》も水をのむことができるほどであった。世尊もまた、河を渡り、彼《か》の岸に立たせられた時、また渡し場をふりかえり眺めて、語って説かれた。

「仏は渡す者である。法の橋を河岸にわたして、一切の人天《にんでん》を渡すのである。世の愚かなる人々が籠筏《かごいかだ》をむすぶ間に、この法の橋によりて、深所を避け、彼岸にわたる者は賢き者である。」

三

ガンガーを北に渡り、ヴェサーリー（毘舎離）にあったころ、雨安居《うあんご》の時期が近づいていた。そこで世尊は、比丘たちに告げて言った。

「比丘たちよ、なんじらは、ここヴェサーリーのあたりの友人知人を頼って、雨安居に入るがよい。わたしもまた、この竹林村において、雨安居に入るであろう。」

しかるに世尊は、この雨安居の間に、恐ろしい病を生じ、死ぬほどの激しい痛みにおそわれた。だが世尊は、正念《しょうねん》にして、じっと苦痛を耐えておられた。その時、世尊は、かように思惟したもうた。

「いま私が、弟子たちにも告げず、最後の教誡をも与えずして入滅《にゅうめつ》したならば、それは実に、わたしとして相応《ふさわ》しくないことである。私はいま、精進することによってこの病に耐え、寿命を保持しなければならぬ。」

かくて世尊は、精進によって病に耐え、やがて病より恢復《かいふく》せられた。その時、アーナンダは世尊に近づき、世尊を敬礼して、さて申して言った。

「世尊よ、わたしはいま世尊の健《すこや》かなるを見たてまつる。世尊のさきに病ませさせ給うを見た時には、わたしの身体からも力が抜けてしまったように思われました。わたしは四方が暗くなったように見えました。だが、世尊はけっして、比丘僧伽《びくサンガ》（教団）について何事かを語りたまわずして入滅したまうことはあるまい、と思った時、心いささか安きを覚えました。」

「しからば、アーナンダよ、比丘たちはわたしに何を待望しているというのであるか。わたしは、内もなく外もなく、ことごとく法を説いてきた。アーナンダよ、如来の法には、あるものを弟子に隠すというがごとき、教師のにぎりしめる秘密はないのである。

まことにアーナンダよ、あるいは『わたしは比丘僧伽を導こう』とか、『比丘僧伽はわたしに頼っている』とか、そのように思っている者ならば、最後にあたって、比丘僧伽について、何事かを語らねばならぬやも知れぬ。だが、アーナンダよ、如来は『わたしは、比丘僧伽を導こう』とも、『比丘僧伽はわたしに頼っている』とも思ってはいない。さればアーナンダよ、最後にあたって、わたしは比丘僧伽について何事をか語ろうか。

アーナンダよ、わたしはもはや老い衰え、老齢すでに八十となった。たとえばアーナンダよ、古き車が革紐《かわひも》のたすけによって行くがごとく、そのごとくアーナンダよ、思うに、わたしの身体は、革紐のたすけによって、わずかに保っているにすぎない。

されば アーナンダよ、なんじらは、ここに自らを燈明《とうみょう》とし、自らを依所《えしょ》として、他人を依所とせず、法を燈明とし、法を依所として、他を依所とせずして住するがよい。しかしてアーナンダよ、何のゆえをもって、自らを燈明とし、自らを依所として、他人を依所とせず、法を燈明とし、法を依所として、他を依所とせずして住するがよいのであろうか。

アーナンダよ、比丘たるものは、身について身を観察し、熱心に懈怠《けだい》なく、憶念して忘れず、ひたすらにこの世において貪欲《とんよく》と、憂悲《ゆうひ》とを排除せねばならぬ。また、感覚について、ないし心について、さらに法について、それらを熱心に観察し、懈怠なく、憶念して忘れず、ひたぶるにこの世界において貪欲と憂い悲しみとを排除しなければならぬ。かくてアーナンダよ、比丘たるものは、自らを燈明とし、自らを依所として、他人を依所とせず、法を燈明とし、法を依所として、他を依所とせずして住するのである。

アーナンダよ、まことに今においても、また、わがなき後においても、自らを燈明とし、自らを依所として、他人を依所とすることなく、また、法を燈明とし、法を依所として、他を依所とすることなくして修行しようとするものは、アーナンダよ、かかる者はわが比丘たちの中において、最高の地位にあるものである。」

第三章　わが齢は熟しぬ

南伝　長部経典　一六　大般涅槃経
漢訳　長阿含経　二—四　遊行経

一

ここに世尊は、尊者アーナンダ（阿難）とともに、マハーヴァナ（大林）の重閣講堂に赴かせられた。赴いて、さて世尊は、アーナンダに命じて言った。

「アーナンダよ、なんじは行いて、このヴェサーリー（毘舎離）のあたりにいる比丘たちを、ことごとくこの講堂に集めるがよい。」

「畏りました、世尊。」と、アーナンダは命をうけて、このヴェサーリー（毘舎離）のあたりに住する比丘たちに、いそぎ集まるように伝えた。比丘たちが集まりおわったとき、世尊は彼らに告げて言った。

「比丘たちよ、わたしは法を知って、これをなんじらに示した。なんじらは、よくこれを理解し、実践し、修習し、宣布するがよい。かくして、よくこの法をして久しくあらしめることを得たならば、そは衆生の利益のため、衆生の幸福のため、世間の哀愍《あいみん》のためとなるであろう。

　また比丘たちよ、この法の中においては、よろしく相和し、たがいに相敬し、いやしくも諍《あらそ》いを生じてはならぬ。同一の師に受けたるものは、同一の水、同一の乳の中にあるがごとくでなくてはならぬ。よろしく相励まし、相楽しんで、放逸《おこたり》なく精進するがよい。

　なんとなれば、いまわたしは、なんじらに告げねばならぬ。わたしはもはや久しからずしてこの世を去らねばならぬ。今より三月ののちには、如来は滅《めつ》に入るであろう。」

　これを聞いて、比丘たちはみな、愕然としておどろき、その身を地に投じて歎くものもあり、声をあげて泣いて言うものもあった。

「仏の逝《ゆ》きますこと、なんぞすみやかなる。われらの眼目《まなこ》の滅したまうこと、なんぞすみやかなる。」

　そのとき、世尊は、彼らに諭《さと》して言った。

「比丘たちよ、歎くことやめよ。わたしはかつて、いくたびとなく言ったではないか。いかなる愛する者といえども、かならず別れ離れねばならぬ。生別があり、また死別がある。死してのちは、その境界を異にせねばならぬと。比丘たちよ、このことは、いかにしても免かれることを得ない。すべて生じたるものは、また滅する。生きとし生ける者にして、この生滅の法則をまぬかれうるものはないのである。」

　そして、世尊はさらに偈《げ》をもって、かように説きおしえられた。

「わが齢《よわい》は熟した。
わが寿命はすでにいくばくもない。
なんじらを捨てて、
わたしは赴《ゆ》かねばならぬ。
比丘たちよ、なんじら放逸なく、
よく戒を持《じ》するがよい。
思惟によっておのが心を摂《おさ》め、
その心をよく守るがよい。
この法と律において放逸なくば、
かならずや、生死を越え、苦の終極を見ることを得るであろう。」

二

ここに世尊は、ボーガの邑《むら》にしばらく足をとどめた後、また遊行して、パーヴァー（波婆）なる村にいたり、鍛冶師の子なるチュンダ（准陀）というもののアンバ（菴羅）林にとどまられた。チュンダは、「世尊はいまこの村にいたり、わが菴羅《あんば》林にいましたもう」と聞き、林にいたって世尊を拝した。世尊は彼のために法話をなし、彼を教誡し、かつ鼓舞せられた。その翌日、彼は世尊とその比丘たちに食事を供養した。その中に茸《きのこ》があったが、世尊はそれを食べて病まれた。はげしい腹痛があり、血便があった。世尊はよく正念《しょうねん》にして、その苦痛に耐え、アーナンダをうながして、クシ（拘尸）という村にむかって、また旅立たれた。

偈にいわく、

「かくのごとく、われは聞く。
鍛冶師チュンダの食をめされ、
賢者は病にかかりましぬ。
死ぬばかりなる痛みありき。
師は茸を食《め》したもうて、
はげしき病を生じたまえり。
腹いたみつつ世尊は言いぬ。
いざクシの邑にわれはゆかむと。」

第四章　大いなる死

南伝　長部経典　一六　大般涅槃経
漢訳　長阿含経　二―四　遊行経

一

ここに世尊はアーナンダに言った。「いざアーナンダよ、ヒランニャヴァティー（凞連禅河《ひれんぜんが》）の彼岸にあるクシナーラ（拘夷那竭《くしながら》）のマッラ（末羅）族のウパヴァッタナ林に行こう。」そして世尊は、比丘たちとともに、かの河をわたり、かの林におもむき給うた。その時、世尊はまたアーナンダに言った。

「いざアーナンダよ、なんじはわたしのために、かの沙羅《サーラ》の双樹の間に、頭を北にむけて床をしくがよい。アーナンダよ、わたしは疲れた。わたしは横になろう。」

かれが床をしくと、世尊は、右脇を下にし、足の上に足をかさねて、心静かに横たわった。その時、沙羅の双樹は、時ならざるに花をひらき、花びらがひらひらと如来の軀《からだ》に散りかかった。また天の曼陀羅《マンダーラヴァ》の華《はな》は虚空《そら》より降り、天の栴檀末《せんだんまつ》は虚空より下りきたって如来の軀に降りそそいだ。また天の妙楽《みょうがく》は虚空より鳴りおこった。それらはすべて如来供養のためであった。その時、世尊はアーナンダをかえりみて、教えて言った。

「アーナンダよ、かかる供養は、まことに如来をあがめ、尊び、供養するゆえんではない。アーナンダよ、比丘もしくは比丘尼、もしくは在俗の信者にして、よく法を知り、よく法にしたがって行《ぎょう》ずる者こそ、如来を最上にあがめ、尊び、供養するものである。さればアーナンダよ、ここに、よく法を知り、法にしたがって行ぜねばならぬ、と銘記するがよい。」

二

ここにアーナンダは、おのれの住居に入り、閂《かん》をもったまま、さめざめと泣きながら立っていた。「ああ、わたしはなお、学ぶべきものが多くのこっているのに、わたしを愍《あわれ》みたまう教主は、わたしをのこして逝《ゆ》かれたまうか。」その時、世尊は、比丘たちをかえりみて、「アーナンダはどこにいるか。」と問うた。「アーナンダはおのれの住居の入口で泣いておる。」と、比丘たちは答えた。「では、わたしが呼んでいると伝えるがよい。」と世尊は命じた。

「友よ、教主はなんじを呼びたもう。」と、比丘の伝えるを聞いて、アーナンダは世尊のもとにいたり、世尊を拝して坐した。その時、世尊は、彼にかく語った。

「アーナンダよ、やめよ。悲しむな、泣くな。アーナンダよ、わたしはかつて説いたではなかったか。すべて愛し親しめる者も、ついに生き別れ、死に別れ、死してはその境界を異にしなければならぬ、と。アーナンダよ、一切は壊法《えほう》であって、一たび生じたるものがいつまでも存することが、どうしてあり得ようか。

アーナンダよ、なんじは長い間にわたって、よくわたしに侍《はべ》ってくれた。なんじの挙止《きょし》は慈愛にみちていた。なんじの言葉も慈愛にみちていた。なんじの思いも慈愛にみちていた。それらは類《たぐ》いなき、二つなきものであった。アーナンダよ、なんじはよく為したのである。今より後も、さらに精進して、すみやかに最高の境地に到るがよい。」

さらに世尊は、彼に教え諭《さと》して、かくのごとく説かれた。

「アーナンダよ、あるいはなんじらのうちに、かく思うものがあるやも知れぬ。『われらの教主のことばは終わった。もはや、われらの教主はない』と。だが、アーナンダよ、わたしによって説かれ教えられた教法と戒律とは、わたしが亡き後における、なんじらの師である。」

三

また世尊は、比丘たちにむかって、かように言った。

「また比丘たちよ、あるいはなんじらの中に、なお仏につき、あるいは法につき、あるいは僧伽につき、あるいは実践の方法について、なんぞ疑いや惑《まど》いのあるものがあるやも知れぬ。比丘たちよ、もししかるならば、問うがよい。のちにいたって、『われらは、師に面接していたのに、問うことができなかった。』との悔いをあらしめてはならぬ。」

かく言われたが、比丘たちはみな黙っていた。世尊は二たび、そして三たび促された。だが、比丘たちはいぜんとして、黙然としていた。世尊はさらに言った。

「比丘たちよ、なんじらはあるいは、如来を尊崇するが故に、問わないのかも知れない。比丘たちよ、それではいけない。友人が友人に尋ねる心持ちで問うがよい。」

そのように言われても、比丘たちはみな黙っていた。

その時、アーナンダが、かように世尊に申しあげた。

「世尊よ、まことに不思議であり、稀有なことである。世尊よ、いまや一人の比丘も、仏につき、また法につき、また僧伽につき、あるいはまた実践の方法について、疑いや惑いのあるものはない、と信ぜられます。」

そこで世尊は、比丘たちに言った。

「では、比丘たちよ、わたしはなんじらに言おう。『すべてのものは壊法である。放逸《おこたる》ことなく精進するがよい』と。」

これが世尊の最後の言葉であった。

四

世尊の涅槃に入りたもうた時、大いなる地震があった。人々は恐怖して、身毛をそばだたしめた。空よりは花びらが降りきたって、如来のなきがら、および、その座の人々の上にそそいだ。また、天《てん》鼓《こ》は虚空のかなたに鳴りわたった。
その時、かの梵天は、偈を説いて、かように言った。
「生きとし生けるものは、
すべて死なねばならぬ。
世にたぐいなきこの師、
大いなる如来、正覚者《しょうがくしゃ》は逝《ゆ》いた。」
その時、かの帝釈天は、偈をもって、かように説いた。
「すべてのものは、常なることなく、
生じてはまた滅するを法となす。
生ける者はみな死なねばならぬ。
仏は寂滅《じゃくめつ》をもって楽しみとなす。」
そのとき、長老アヌルッダ（阿那律）は、かように偈を説いた。
「心ゆるぎなき救済者は、
はや、入る息も出る息もない。
欲なき者となり、寂静《じゃくじょう》にいたり、
聖者はいま滅したもうた。
動《ゆる》がざる心をもって、

よく苦しみに耐えたまい、
燈火の消ゆるがごとく、
心の解脱をとげられた。」
その時、アーナンダの説ける偈は、かようであった。
「その時、人々に恐怖があった。
その時、人々は身毛をそばだてた。
すべてのものに慈悲を垂れたまいし、
かの正覚者の逝きませるとき。」

五

世尊の入滅せられた時、いまだ煩悩より離れ得なかった比丘たちのある者は、あるいは腕をうちふって泣いた。あるいは砕かれた岩のごとく、打ち倒れて、転々して歎いた。

「世尊の逝かれますこと、なんすればあまりにも速やかなる。あまりにも早く、如来は逝かれましぬ。あまりにも早く、世間の眼《まなこ》は失われましぬ。」

また、すでによく煩悩を離れ得た比丘たちは、正しき心がまえと正しき智慧とをもって、じっとこの悲しみに耐えていた。

「諸行は無常である。いかでか、生ける者の死せざることがあり得ようか。」

その時、長老アヌルッダ（阿那律）は、歎き悲しむ比丘たちに告げて言った。

「やめよ、友よ。悲しむな、泣くな。友よ、われらの師は、かって説かせ給うたではなかったか。すべて愛《いつく》しみ親しめるものも、ついには生き別れ、死に別れねばならぬ。死に別れては、その境界を異にして、もはやまた会うことを得ない、と。友よ、一切は壊法であるが故に、一たび生をうけたものが、いつまでも死なぬということが、どうしてあり得ようか。」

そして、アーナンダ（阿難）とアヌルッダ（阿那律）とは、その夜をしずかに、法話をもってすごした。翌朝はやく、アーナンダは、一人の従者をしたがえて、クシナーラ（拘夷那竭《くしながら》）にいたり、マッラ（末羅）族の人々に、世尊の死を告げて言った。

「人々よ、世尊は亡くなられた。時よろしと思わば、来って詣《もう》ずるがよい。」

第五章　仏骨八分

一

南伝　長部経典　一六　大般涅槃経
漢訳　長阿含経　二―四　遊行経

ここにクシナーラ（拘夷那竭）のマッラ（末羅）族の人々は、アーナンダに問うて言った。

「尊者よ、われらは如来のなきがらをいかに扱えばよいであろうか。」

「マッラ族の人々よ、転輪王《てんりんおう》の軀《からだ》をあつかうがごとく、そのごとく、如来の軀を処理したてまつるがよい。」

「では、尊者よ、転輪王の軀はいかに処理すればよいのであろうか。」

「人々よ、転輪王のなきがらは、まず新しき布をもって包む。その上をまた新しき麻をもって包む。さらにまた新しき布をもって包む。かようにして、幾重にも軀を包み、鉄の油槨《ゆくわん》に納め、さまざまの香木を薪《たきぎ》として、茶毘《だび》に附し、そして大いなる四衢道《よつつじ》に塔をつくる。これが転輪王の軀の処理の仕方であるが、如来のなきがらもまた、そのようにして茶毘し、そのようにして塔を造るがよい。その塔に詣《もう》でて、あるいは香華《こうげ》をささげ、あるいは礼拝をなし、おのが心を浄める者には、長きにわたる利益と安楽とがあろう。」

そこで、マッラ族の人々は、多くの麻、布を集め、それをもって如来のなきがらを包み、鉄の油槨におさめ、また、さまざまの香木をあつめて薪をつくり、その上に、世尊のなきがらを安置した。

二

その時、マガダ（摩掲陀）国の王アジャータサッツ（阿闍世《あじゃせ》）は、世尊はクシナーラにて亡くなられ給うたと聞き、マップ族に使者をつかわして言った。

「世尊も刹帝利族《クシャトリア》（王族）である。われらも刹帝利族である。そのゆえに、われらは世尊の遺骨の一分を受けるに相応《ふさわ》しい。われらも世尊の舎利（遺骨）塔を造立して、供養をなすであろう。」

また、その時、ヴェサーリー（毘舎離）のリッチャヴィー（離車）族の人々も、世尊はクシナーラにて亡くなられた、と聞いて、マッラ族に使者をつかわして言った。

「世尊も刹帝利族である。われらもまた刹帝利族である。われらは世尊の遺骨の一分を受けるに相応しい。われらもまた世尊の舎利塔をたてて供養をなすであろう。」

その時また、カピラヴァッツ（迦毘羅衛）の釈迦族の人々も、世尊はクシナーラにおいて亡くなられた、と聞いて、マッラ族に使者をおくって言わしめた。

「世尊はわれらの種族の最もすぐれたまえる方であった。われらは世尊の遺骨の一分を受けるに相応しい。われらも世尊の舎利塔をいとなんで、供養をなすであろう。」

その時また、アッラカッパ（遮羅頗）のブリ（跋離）族の人々も、世尊の入滅のことを聞き、使者をもって言わしめた。

「世尊も刹帝利族であられた。われらもまた刹帝利族である。われらもまた世尊の舎利の一分を受けるに相応《ふさわ》しい。われらも世尊の舎利塔をたてて、供養をなすであろう。」

ラーマガーマ（羅摩村）のコーリヤ（拘利）族の人々もまた、その由を聞いて、使者をたてて言わしめた。

「世尊も刹帝利族であられた。われらもまた刹帝利族である。われらもまた世尊の舎利の一分を受けるに相応しい。われらも世尊の舎利塔をたてて、供養をなすであろう。」

ヴエータディーパ（毘留提）の婆羅門もまた、その由を聞き、使者をつかわして言わしめた。

「世尊は刹帝利族であった。われらは婆羅門である。われらもまた世尊の遺骨の一分を受けるに相応しい。われらも世尊の舎利塔をたてて供養をなすであろう。」

パーヴァ（波婆）のマッラ族の人々もまた、その由を聞いて、使者をつかわして言った。

「世尊は刹帝利族であられた。われらも刹帝利族である。われらも世尊の遺骨の一分を受けるに値する。われらもまた世尊の舎利塔をいとなみ、供養をなすであろう。」

三

かく言われた時、クシナーラのマッラ族の人々は、使者たちに言った。

「世尊はわれらの村の野において、大いなる死をとげさせ給うたのである。われらは世尊の舎利の一分をも、わかち与えないであろう。」

与えよ、与えずとて、彼らはたがいに言い争った。その時ドーナ（香姓）婆羅門は彼らに言った。

「そなたたちは、わたしの言うことを聞くがよい。われらの仏陀は忍辱《にんにく》を説かれた方であった。この比類《たぐい》なき人の遺骨の分配について、争いをなすのは相応しいことではない。さらば、わたしは、そなたたちの争いを調停し、和合せしめて、この遺骨を適当に八分したいと思う。そなたたちはひろく四方に塔をたてるがよい。世の人々はそれによって、この覚者を仰ぎ信ずるであろう。」

「では、婆羅門よ、なんじは世尊の遺骨を八分して、平等に分かつがよい。」

そこで彼は、世尊の遺骨を平等に分かって、彼らに配分した。

分配しおわって、彼は彼らに言った。

「ではこの瓶をわたしに下されよ。わたしもまた瓶塔をつくって、供養をなすであろう。」

かくて、ドーナ婆羅門は舎利瓶を与えられた。

ピッパリヴァナ（畢鉢）のモーリヤ（孔雀）族の人々もまた、世尊はクシナーラにて亡くなられた、と聞いて、使者をつかわして、言わしめた。

「世尊も刹帝利族であられた。われらも刹帝利族である。われらもまた世尊の遺骨の一分を受けるに相応しい。われらも世尊の舎利塔をいとなみ、供養をなすであろう。」

「世尊の遺骨はすでに一分もない。遺骨の分配はすでにおわった。されば、その灰を持って行かれるがよい。」

そこで彼らは、その灰を持って行った。

第六章　法は所依なり

南伝　中部経典　一〇八　瞿黙目犍連経
漢訳　中阿含経　一四五　瞿黙目犍連経

かようにわたしは聞いた。

ある時、アーナンダは、ラージャガハ（王舎城）の竹林精舎にあった。それは世尊が大いなる死をとげられて、なお久しからざる頃であった。その頃、マガダ（摩掲陀）国の王アジャータサッツ（阿闍世）は、パッジョータ（燈光）王を疑って、ラージャガハを修復せしめていた。

アーナンダは托鉢のために城内に入り、工事を巡視していたヴァッサカーラ（雨勢）婆羅門というこの国の大臣に遇《あ》った。こころよき挨拶を交わしてのち、ヴァッサカーラはアーナンダに問うて言った。

「尊者よ、ただ一人の比丘なりとも、かの世尊より、この人こそ、わが亡きのちにおいて、なんじらの依《よ》りどころであると推《お》され、今日あなた方の親しく帰依せんと思っておられる方があるであろうか。」

「婆羅門よ、ただ一人の比丘といえども、かの世尊によって、この人こそ、わが亡きのちにおいて、なんじらの所依《しょえ》たるべしと推された者はない。今日わたしどもが親しく帰依せんと思っているものはない。」

「では尊者よ、ただ一人の比丘なりとも、僧伽《サンガ》において認められ、あまたの長老の比丘たちによって、この人こそ、かの世尊の亡きのちにおいては、われらの依りどころたるべき人であると推され、あなた方が今日したしく帰依しようとする者があるであろうか。」

「婆羅門よ、ただ一人の比丘たりといえども、そのような者はない。わたしどもが今日したしく帰依せんと思っている者はないのである。」

「では尊者よ、すでに依るべき処がないのであるならば、あなた方がなおよく和合してあるのは、いかなる理由によるのであろうか。」

「婆羅門よ、わたしどもは、依るべき処がないのではない。婆羅門よ、われらは依るべき処があるのである。すなわち法こそ、われらの所依である。」

「尊者よ、その言うところの意味は、どういうことであろうか。」

「婆羅門よ、かの世尊は、比丘たちのために戒を説かせたもうた。布薩《ふさつ》の日にあたって、近在にある私どもは、すべて一処に集まり、その所業を問い合い、もし戒を犯したものがあれば、私どもはそれを法にしたがい、定《さだめ》にしたがって善処せしめる。これは、聖なる人があって私どもを善処せしめるのではない。法がわれらをして善処せしめるのである。」

第七章　聖教の垢を洗う

南伝　長部経典　一六　大般涅槃経

一

その頃、マハー・カッサパ（大迦葉）は、パーヴァー（波婆）よりクシナーラー（拘夷那竭）にいたる大道を、多くの比丘たちとともに旅していた。その道で彼らは、一人の異教の修行者（外道《げどう》）が、手に曼陀羅《まんだら》の花をもって、クシナーラの方から来るのに会った。マハー・カッサパはその修行者に呼びかけて言った。

「友よ、なんじは、われらの師なる世尊の消息を知っていないであろうか。」

「しかり、友よ、わたしは知っている。今日より七日前、沙門ゴータマ（瞿曇《くどん》）は、亡くなられた。それで、わたしはこの花を持っているのである。」

比丘たちのなかには、いまだ、煩悩を脱しきらぬものもあった。彼らは、これを聞いて、あるいは腕を天に挙げて泣き、あるいは、身を地上に投げて転がって慟《なげ》いた。

「あまりにも速やかに、世尊は逝かれたまえり。あまりにも早くわれらの師は去りたまえり。あまりにも早く世間の眼《まなこ》は隠れたまえるものかな。」

また、彼らの中には、すでに煩悩を脱しきったものもあった。それらの比丘たちは、正念《しょうねん》・正智《しょうち》にして、よくその悲しみに耐えた。

「諸行は無常である。生けるものの、いかでか死せざることがあり得ようか。」

その時、マハー・カッサパは、かの比丘たちのために、世尊がつねに説き教えられた「諸行は無常である。会《え》する者はかならず離れねばならぬ」という言葉を中心にして、しみじみと無常迅速《じんそく》のことわりを説いた。

しかるに、彼らの中に、年とってから出家したスバッダ（須跋《しゅばつ》）という比丘があって、かたわらに人なきがごとく言い放った。

「友よ、悲しむなかれ、憂うるなかれ。われらは今や、かの大なる沙門より脱することを得たのであって、まことに結構なことではないか。『これは、なんじらに許す。』『これは、なんじらに相応《ふさわ》しからず。』とて、われらは苦しめられ、圧迫せられたが、いまやわれらは、欲することは為《な》し、欲せぬことは為《せ》ぬでもよいのである。」

二

時にマハー・カッサパは、比丘たちに告げて言った。

「友たちよ、われらは宜しく、教法《おしえ》と戒律《いましめ》とを結集して、非法興《おこ》りて正法《しょうぼう》おとろえ、非律《ひりつ》おこりて正律すたれ、非法を説く者強く、正法を説く者弱く、非律を説く者強く、正律を説く者弱くなるであろうことに、先んぜねばならぬ。」

「しからば、大徳《だいとく》よ、結集《けつじゅう》のための比丘たちを選択したまえ。」

そこで、マハー・カッサパは、教法と戒律とを結集するに適当であると思われる者を選び出したところ、五百に一人を欠くる比丘たちを得た。その時、比丘たちは、彼に言うていった。

「大徳よ、ここに長老アーナンダ（阿難）があられる。彼はなお学び修するところがなければならぬが、しかし、よも貪《とん》・瞋《じん》・癡《ち》等のために道ならぬ道に堕することはないであろう。しかも彼は、世尊に随《したが》い侍《じ》して、多くの教法と戒律とを学んでいる。しからば、大徳よ、この結集のために、長老アーナンダをも選び入れるがよいであろう。」

かくて、マハー・カッサパは、アーナンダをも選び加えた。

結集の場所はラージャガハ（王舎城）と定められた。選ばれた比丘たちは集まってきた。アーナンダもまた到り赴いた。だが、明日は結集の集会という前夜、彼は「われはいまだ有学《うがく》（学び修する余地をのこしていること）にして、かの集会に赴かんことは、相応《ふさわ》しくない」と思い、夜おそくまで端坐して、思念《おもい》をこらし、夜半をすぎ、朝も近くなったころ、やっと寝に就こうとした。その時、頭はいまだ枕にいたらず、足はすでに地を離れた、その瞬間において、彼はついに、もろもろの煩悩を脱し、その心は解脱することを得た。

かくてアーナンダもまた、尊敬すべき聖者の一人として、かの結集の集会に赴くことを得た。

三

同　前

マハー・カッサパは、聖なる比丘たちの集まりに告げて言った。

「僧伽（聖衆）よ、わが言うところを聞きたまえ。もし時よろしくば、まず戒律について、わたしからウパーリ（優波離）に問おう。」

またウパーリも、聖なる人々の集会にむかって言った。

「僧伽よ、わが申すところを聞かれよ。もし僧伽にして時よろしくば、戒律についてマハー・カッサパの問いたもうに、わたしは答えるであろう。」

そして、結集のことは開始された。マハー・カッサパはおのおのの戒について、その因縁を問い、その関係者を問い、その場所を問い、その内容を問い、その犯不犯を問うた。ウパーリはそれにしたがって答えた。

問答がおわると、五百人の比丘たちは、結集せられたままを、一座同声に合誦した。

教法についても、また、同じようにして結集が行なわれた。まず、マハー・カッサパが、僧伽に告げて言った。

「僧伽よ、わが言うところを聞きたまえ。もし、時よろしくば、教法について、わたしからアーナンダに問おう。」

アーナンダもまた、聖衆にむかって語って言った。

「僧伽よ、わが白《もう》すところを聞きたまえ。もし時よろしくば、教法につきてマハー・カッサパの問いたもうところに、わたしは答えるであろう。」

そして、マハー・カッサパはおのおのの教法について、その説法の行なわれた場所、その因縁、その内容、その対衆（聴問者）を問うた。アーナンダは、それにしたがって答えた。問答がおわると、五百の比丘たちは、結集せられたままを、一座同声に合誦した。

この結集に参加した比丘たちは五百人にして、それよりも多からず、また少なからざりし故をもって、この結集を名づけて五百結集という。

南伝　律蔵　小品　一一　七百結集犍度

四

それは、釈尊が亡くなられてから百年のことであった。長老ヤサ・カーカンダカプッタ（耶舎迦乾《やしゃかけん》陀子《だし》）なるものがあり、ヴァッジ（跋闍《ばっじゃ》）国に遊行して、ヴェサーリー（毘舎離《びしゃり》）の市《まち》にいたった。

その時、この市にあった比丘たちは、布薩《ふさつ》の日にあたって、銅の鉢に水をみたして比丘たちの中におき、在俗の信者の来り会する者にいった。

「友らよ、一カハーパナ（貨幣の単位）にても、半カハーパナにても、一パーダ（同前）にても、一マーサカ（同前）にても僧伽に寄附せられたい。僧伽に資具の備えらるべきものあるが故に。」

長老ヤサは、そのしかるべからざることを説いたが、容れられなかった。その夜をすぎて、彼らはその集まれる金銭《かね》を比丘たちに分配し、その一部を長老ヤサにもたらして言った。

「友よ、これは、なんじの配分である。」

「友らよ、わたしに金銭の配分は相応しくない。わたしはこの金銭は受けない。」

その時、かかる非法非律のことは、十事におよんで行なわれていた。長老ヤサは、それらを知って大いにおどろき、去って長老レーヴァタ（離越）を訪うて言った。

「大徳よ、かのヴェサーリーなるヴァッジの比丘たちは、かしこにおいて、かくかくのごとく十事の非法非律をなしている。大徳よ、われらはこれを諍事《そうじ》として取りあげ、非法さかえて正法おとろえ、非律さかえて正律おとろえ、非法を説く者強く正法を説くもの弱く、非律を説くもの強く正律を説くもの弱くならんことに先んぜねばならぬ。」

そして、ヴェサーリーの郊外ヴァーリカー（婆利迦）の園に、七百の長老の比丘たちを相会して、また結集のことが行なわれた。そこでは、長老レーヴァタが質問にあたり、長老サッバカーミ（薩婆迦眉）が律を説いて、十事を判定し、諍論はおわった。また、そのとき、長老の比丘たちは、「われらは、教法《おしえ》と戒律《いましめ》とを同声に誦しよう」とて、マハー・カッサパによって合誦せられたとおなじように、もとのごとく、一切の教法と戒律とを合誦して、一切の聖教の垢を洗いおとした。この結集《けつじゅう》に参加した比丘たちは七百人にして、それよりも多からず、また少なからざりし故をもって、この結集を名づけて七百結集という。

第八篇

聖句集

第一章　聖　者

――正　覚　者――

南伝　増支部経典　一、一三　一人品

一人あり。その世に現われることは、まことに難い。その一人とは誰ぞ。そは如来、応供《おうぐ》、正覚者《しょうがく》である。

一人あり。その世に生まれるや、無等《むとう》、無比にして、人中の最勝者として生まれる。その一人とは誰ぞ。そは如来、応供、正覚者である。

一人あり。その世に生まれるは、多人の利益のため、多人の安楽のため、世間の憐愍《れんみん》のため、人天《にんでん》の利益、安楽のためである。その一人とは誰ぞ。そは如来、応供、正覚者である。

一人あり。その現われるや、大いなる眼《まなこ》を現じ、大いなる光を現じ、大いなる明《あかり》を現じ、解脱の果を証し預流《よる》の果を証し、一来の果を証し、不還《ふげん》の果を証し、阿羅漢の果を証する。その一人とは誰ぞ。そは如来、応供、正覚者である。

一人あり。その没するや、多くの人々は愁《うれ》え歎ずる。その一人とは誰ぞ。そは如来、応供、正覚者である。

―如来の道―

南伝　小部経典　長老偈

如来のこの智慧を見よ。それはあたかも、中夜にともされた火のごとくである。来たる者は疑いをのぞくであろう。如来は光明を与えるもの、眼《まなこ》を与えるものである。

われらの師は甘露《かんろ》の道をよく知りてあられる。されば、われらは、世の恐るべきものを怖れない。怖れの滅して跡なきところ、比丘らはその道を、たどり進むのである。

厭《いと》うては、そこにとどまることなく、楽しむとも、またとどまることがない。明らけき眼をもてる者は、かく、不利のともなう道に、しばらくも住《とど》まることをせぬ。

老《お》ゆべきものをもって、老いざるものに代えねばならぬ。熱苦をもって清涼に代えねばならぬ。無上の寂静、無上の安穏《あんのん》に代えねばならぬ。

―聖者とよぶ―

南伝　小部経典　経集

智慧ふかく、賢き慮《おもんぱかり》ありて、道と非道とをわきまえ、最上の義に到達せる人、われはかかる人を聖者とよぶ。

蓮《はす》の葉にやどる水のごとく、錐《きり》の尖端におけるけし粒のごとく、もろもろの欲に染著《せんじゃく》せざる人、われはかかる人を聖者とよぶ。

粗暴なる言葉を用いず、つねに教訓にみてる真実の言葉を語り、言葉によりて何者をも怒らしめることなき人、われは、かかる人を聖者とよぶ。

悪意ある人々の中にあって悪意なく、刀杖を手にせる人々の中にあって温順に、執著多き人々の中にあって執著なき人、われは、かかる人を聖者と呼ぶ。

人間の束縛をすて、天上の束縛をすて、一切の束縛より離れたる人、われは、かかる人を聖者と呼ぶ。

人はその風姿《すがた》と姓名とによって聖者たるのではない。真実と法とを具有する者、その人は幸福なるかな、彼こそは真の聖者である。

南伝　小部経典　経集

―聖者の剛毅―

聖者の行道《ぎょうどう》は、行ないがたく、得ることは難い。されど、われそを、なんじのために説く。いざ、われ、なんじのためにそを語らん。心を剛毅《ごうき》にし、心を堅固にするがよい。

人里に入りては、罵《ののし》らるることもあり、礼せらるることもあろう。されど、つねに平等の態度をもって臨まねばならぬ。心の瞋《いか》ることを慎みまもらねばならぬ。寂静にして、高ぶり行じてはならぬ。

人里に入りては、家々に急ぎおもむいてはならぬ。つねに唖者《あしゃ》のごとくせねばならぬ。食を求めんとして、策をかまえたる言葉を語ってはならぬ。

もし得たならば、それも可である。もし得なかったならば、それも可である。得るも得ざるも、変わるところなく、平然として、彼は行かねばならぬ。

そは、河底ふかく掘られたる河の流れにも譬《たと》えることを得るであろう。河底あさき小川は音をたてて流れる。されど、大なる河は音なくして流れる。

水の浅きは音をたてる。水の満てるは静かにして音をたてぬ。愚かなる者は、半水の甕《かめ》のごとく、賢き者は満水の湖のごとくである。

南伝　増支部経典　二

―人―

弟子たちよ、これら二つの希望は、人において断ちがたい。その二つとは何か。利を得んことの希望と、生くる道を立てんことの希望とである。これら二つの希望は、人において断ちがたい。

弟子たちよ、これら二つの類の人は、世の中にまれである。その二つの類とは何か。恩を施す人と、恩に感ずる人とである。これら二つの類の人は、世の中にまれである。

弟子たちよ、これら二つの類の人は、世の中に得がたい。その二つの類とは何か。満足する人と、満足を得さする人とである。これら二つの類の人は、世の中に得がたい。

弟子たちよ、これら二つの類の人は、満足せしめがたい。その二つの類とは何か。得るにしたがって貪《むさぼ》り蓄うる人と、得るにしたがって捨つる人とである。これら二つの類の人は満足せしめがたい。

弟子たちよ、これら二つの類の人は、満足せしめやすい。その二つの類とは何か。得るにしたがって蓄えざる人と、得るにしたがって捨てざる人とである。これら二つの類の人は、満足せしめやすい。

―法を見る者は、われを見る―

南伝　小部経典　如是語経　九二

たとえわたしの裳《もすそ》をとって
わたしの後に随《したが》い来ようとも、
もし彼
欲をいだき、いかりをいだき、邪《よこし》まの思いをいだき、
怠りにふけり、知解《ちげ》するところがなかったならば、
彼はわたしから遠く離れており、
わたしは彼から遠く離れておるのである。
なにとならば
かの比丘は法を見ないからであり、
法を見ない者はわたしを見ないからである。

たとえわたしを遠く離れて
百里のかなたにいようとも、
もし彼

欲をいだかず、いかりをいだかず、邪まの思いをいだかず、放逸《おこたり》をすてて、知解し、
確立することを得たならば、
彼はわたしのそばにおり、
わたしは彼のそばにおるのである。
なにとならは
かの比丘は法を見るからであり、
法を見る者はわたしを見るからである。

南伝　相応部経典　四〇、一〇

―信ずる―

仏に対して、動きなき信心をもつことはよいかな。
世尊は、供養に相応する者、あまねく覚れるもの、智慧と実践とを具足する者、よく彼岸に到れる者、まさに人天《にんでん》の師たる者であると信ずるは、よいことである。
かく仏に対して動きなき信心をもつことにより、人は、身こわれ、命おわりてのち、かの善《ぜん》趣《しゅ》、天界に生まれることができる。

法に対して、動きなき信心をもつことはよいかな。

世尊によって善く説かれたる法は、現在の生において、来り見よというがごとく、涅槃に導く教えであると信ずるはよいことである。

かく法に対して動きなき信心をもつことにより、人は、身こわれ、命おわりてのち、かの善趣、天界に生まれることができる。


僧に対して動きなき信心をもつことはよいかな。

世尊の弟子衆は、善く行ない、直《なお》く行ない、正しく行ない、尊敬に値し、恭敬に値し、供養に値し、合掌に値し、世間無上の福田《ふくでん》であると信ずるは、よいことである。

かく僧団に対して動きなき信心をもつことにより、人は、身こわれ、命おわりてのち、かの善趣、天界に生まれることができる。

南伝　小部経典　法句経

―月―

さきには放逸であったけれども、いまは放逸にふるまうことなき人、その人は、あたかも雲間をいでし月のように、この世を照らすであろう。

かつて、おのれのおかした悪業を、いまや善をもって覆《おお》う人は、あたかも雲間をいでし月のように、この世を照らすであろう。

たとい年なお少なしといえども、仏の教えに従って精進するものは、雲間を離れた月のように、この世を照らすであろう。

むさぼりと、いかりと、おろかさに駆られて、正しき法にたがうものは、あたかも黒分の月（かけた部分）のように、おのれの光をうしなうであろう。

むさぼりと、いかりと、おろかさを去って、正しき法にたがうことなきものは、あたかも白分の月（輝ける部分）のように、彼のほまれは充満するであろう。

月は昼に輝き、月は夜を照らす。刹帝利《クシャトリア》（武士）は武装によりて輝き、婆羅門（僧族）禅定に入りて輝く。されど仏陀は、その光明によりて、昼も夜も輝く。

第二章　聖　道

―正しき道―

南伝　中部経典　八　削減経

たとえば、
悪《あ》しき道あらば、そを避けて、よき道につかねばならぬ。

悪しき渡し場あらば、そを避けて、他によき渡し場を求めねばならぬ。

そのごとく、
害をなす者たることを避くるために、不害のいましめがある。

殺生をなす者たることを避くるために、不殺生《ふせっしょう》の道がある。

与えられざるを盗る者たらざらんがために、与えられざるを取ることなかれと教えられる。

妄語《もうご》をなす者たるなからんがために、妄語の禁がある。

穢《けが》れたる行ないをなさざらんがために、梵行《ぼんぎょう》は説かるるのである。

―智　慧―

南伝　小部経典　如是語経　四一

比丘たちよ、もっとも大切なものをもたぬ者とは、聖なる智慧をもたぬ人々のことである。彼らはこの世において苦に住し、患《わずら》いをにない、悩みをいだき、焦慮を有し、また、命終わりて後は、悪しき処に趣《おもむ》かねばならぬであろう。

比丘たちよ、最も大切なものを有する者とは、聖なる智慧をもてる人々のことである。彼らは、この世において楽に住し、患いなく、悩みなく、焦慮なく、また、命終わりてのちは、善き処に趣き生まるることが期待せられる。

―戒―

遺教経

ここに、この世においては、よくととのえられたる戒をこそ、学び習うがよい。なんとなれば、戒はこれを行なうものに、あらゆる幸いを与えるからである。

戒を持《じ》する者は、よく自ら制することによりて、多くのよき友を得るであろう。戒を破る者は、悪しきことを行ないて、よき友より遠ざかるであろう。

戒は第一の依《よ》りて立つ処である。これはもろもろの善の母であり、諸法のうち最もすぐれたるものである。されば、まず戒を浄《きよ》くたもつがよい。

戒は無比の力である。戒は最上の武器である。戒は最も尊き荘厳《しょうごん》である。戒は稀有《けう》なる甲冑《かっちゅう》である。

戒は第一の旅資である。戒は最上の路銀である。戒は最もすぐれたる乗物であって、人はこれによって、此方《こなた》より彼方《かなた》へとおもむくことができる。

南伝　小部経典　長老偈経

―雨―

大地に雨は降りそそいでいる。風は吹きすさび、雷《いかずち》は空を走する。されど、わが疑念は息《や》みて動くことなく、わがこころは快き定《じょう》の中にある。

わが屋舎はよく葺《ふ》かれ、風もなく、心地よい。天よ、思うがままに雨を降らせるがよい。わが心はよく定に住し、解脱を得、わたしは熱心に住している。されば、天よ、思うがままに雨を降らせるがよい。

雨降りて、その音は、よく律《りつ》に調《ととの》っている。わが屋舎はよく葺かれ、風を防いで、心地よい。それと同じように、わが心もまたよく定の中にある。されば、雨よ、降らば降れ。

雨降りて、その音は、よく律に調っている。わが屋舎はよく葺かれ、風を防いで、心地よい。わたしは、その中に住して、いとも寂静《じゃくじょう》である。されば、雨よ、降らば降れ。

屋舎の中にありというは、何びとであろうか。比丘が、この屋舎の中にあって、貪欲を離れ、こころよく、安らかに住しているのである。友よ、なんじの造った屋舎は、無益ではないのである。

―施―

南伝　小部経典　法句経

田畑は雑草によって損われる。この世の人々は貪《むさぼ》りによりて損われる。されば、貪りを離れた人への施しは、その果報ははなはだ大きい。

田畑は雑草によって損われる。この世の人々は瞋《いか》りによりて損われる。されば、瞋りを離れた人への施しは、その果報ははなはだ大きい。

田畑は雑草によって損われる。この世の人々は愚かさによりて損われる。されば、愚かさを離れた人への施しは、その果報まことに大きい。

田畑は雑草によって損われる。この世の人々は欲によりて損われる。されば、欲を離れたる人への施与は、その果報まことに大きい。

真理の施しは、一切の施しにまさる。真理の味わいは、一切の味わいにまさる。真理の楽しみは、一切の楽しみにまさる。欲愛の滅尽《めつじん》は一切の苦しみに勝つ。

―自　愛―

南伝　相応部経典　三

人の思いはいずこに行くこともできる。だが自己よりも愛《いと》しいものは、いずこに行くも見出されない。それと同じように、他の人々にとっても自己は愛しい。されば、自らを愛するものは、他を害してはならぬ。

自らの愛しいことを知るならば、自らを悪にむすびつけてはならない。悪しき業をなすものは、ついに安楽を得ることは難しいからである。

何びとにまれ、身によりて悪しき業をなし、語によりて悪しき業をなし、意によりて悪しき業をなすもの、その人は真に自己を愛する人ということはできない。

何びとにまれ、身によりて善き業をなし、語によりて善き業をなし、意によりて善き業をなすもの、その人は真に自己を愛する人ということができる。

善き業と悪しき業とは、人がこの世にて作りしもの。それは彼自らのものであって、彼はそを荷負って未来に行くのである。影の形に添うがごとく、この二つのものは彼に従うであろう。このゆえに、善き業をなして、未来のために積まねばならぬ。

——安　楽——

南伝　小部経典　法句経

われらは、怨《うら》みあい憎しみあう人々の中にあって、怨みもなく、憎しみもなく、安らけく生きたい。われらは、怨み憎しみをいだく人々の中にあって、怨みも憎しみもなくありたい。

われらは、苦しみ悩みある人々の中にあって、苦しみもなく、悩みもなく、安らけく生きたい。われらは、苦しみ悩みをいだく人々の中にあって、苦しみも悩みもなくありたい。

われらは、貪り欲する人々の中にあって、貪りもなく、欲もなく、安らかに生きたい。われらは、貪り欲する人々の中にあって、貪りも欲もなくありたい。

貪欲にひとしい焔《ほのお》はなく、憎悪にひとしい罪はなく、五蘊《ごうん》（色・受・想・行・識）に比すべき苦しみはなく、寂静に勝る安楽はない。

無病は最上の利益であって、満足は最上の財産である。信頼は最上の親族であり、涅槃は最上の安楽である。

南伝　小部経典　法句経

―及ばず―

たとい百歳の寿齢を完《まっと》うしても、怠惰にして、精進しなかったならば、堅固なる精進を行ずる者の、一日生けるにも及ばぬであろう。

たとい百歳の寿齢を完うしても、生死の理《ことわり》を見ることを得なかったならば、よく生死の理を見たる者の、一日生けるにも及ばぬであろう。

たとい百歳の寿齢を完うしても、戒をやぶり、三昧《さんまい》に住することを得なかったならば、戒を持し、禅定に住する者の、一日生けるにも及ばぬであろう。

たとい百歳の寿齢を完うしても、無知にして、三昧に住することを得なかったならば、智慧を具し、禅定に住する者の、一日生ける者にも及ばぬであろう。

たとい百歳の寿齢を完うしても、不死にいたる道を見ることを得なかったならば、よく不死にいたる道を見得たる者の、一日生けるにも及ばぬであろう。

たとい百歳の寿齢を完うしても、最上の法を見ることを得なかったならば、よく最上の法を見得たるものの、一日生けるにも及ばぬであろう。

南伝小部経典　一一　蛇経

―脱　皮―

無花果樹《いちじく》の林の中に花を求めても、得ることはない。この三界諸有《さんがいしょう》の中に揺るがざるものを求めても、得ることはできぬ。かように知り得たる比丘は、あたかも、蛇が古き皮をぬぎ捨てるように、かれをも、これをも、ともに捨て去る。

子らは、池の水にくぐって、蓮の根を掘る。そのように、余すところなく貪りを断たねばならぬ。かく断ち得たる比丘は、あたかも、蛇が古き皮をぬぎ捨てるように、かれをも、これをも、ともに捨て去る。

おのが心に、怒りをいだいてはならぬ。禍《わざわ》いをも福《さいわ》いをも、善きをも悪しきをも、越えねばならぬ。かく越えきたれる比丘は、あたかも、蛇が古き皮をぬぎ捨てるように、かれをも、これをも、ともに捨て去る。

極端に走ってはならぬ。懈怠《けだい》におちてはならぬ。「一切は虚妄である」と、世間を知りつくさねばならぬ。かく知れる比丘は、あたかも、蛇が古き皮をぬぎ捨てるように、かれをも、これをも、ともに捨て去る。

南伝　小部経典　二、一〇　起立経

―起て―

起《た》て。しかして、静かに坐《ざ》せ。眠りてなんじに何の益《えき》があろうか。煩悩の矢に射られ、悩み痛める者に、何のやすき眠りがあろうか。

起て。しかして、静かに坐して、心の寂静のために、懸命にまなべ。悪魔をして、なんじの不放逸《はげみ》を知りて、なんじを翻弄せしめざれ。

人々の欲し執《しゅう》するところのものを、越度《えつど》せねばならぬ。修習《しゅしゅう》の一刻をむなしく過ごしてはならぬ。この一刻をむなしく過ごしたる者は、悪しき処に堕《だ》して悲しまねばならぬ。

放逸《おこたり》は心の垢である。放逸につづく放逸は、さらにはなはだしき塵垢《じんく》である。不放逸にして、明智をもって、おのが煩悩の箭《や》を抜かねばならぬ。

南伝　増支部経典　一、八

―得　失―

比丘たちよ、財産をうしなうことの失《しっ》は小さい。比丘たちよ、これが失の中のもっとも大なるものである。それは智慧をうしなうことである。

比丘たちよ、財産を得ることは、得《とく》の中の小さい得である。比丘たちよ、得の中のもっとも大なるものは、智慧の得である。比丘たちよ、その故に、なんじらは、このように学ぶがよい。「われらは智慧の得によって栄えるであろう」と。

比丘たちよ、栄誉をうしなうことは、小さな失である。比丘たちよ、これが失の中のもっとも大なる失である。それは智慧をうしなうことである。

比丘たちよ、栄誉を得ることは、得の中の小さな得である。比丘たちよ、得の中のもっとも大きな得は、智慧の得である。比丘たちよ、その故に、なんじらは、「われらは智慧の得によって栄えるであろう」と、そのように学ぶがよい。

南伝　小部経典　長老偈経

―いずれか勝る―

法によりて行なうて得ざると、不法によりて利を得ると、いずれが勝るであろうか。法によりて得ざるは、不法によりて得るよりも、勝っている。

さとり少なくして誉《ほま》れ高きと、智多くして誉は少なきと、いずれが勝るであろうか。法に多くして誉れ少なきは、智少なくして誉れ高きよりも、勝っている。

智慧なき人々たたえられると、智慧ある人に誹《そし》らるると、いずれが勝っていようか。智多にそしらるるは、愚人に褒《ほ》められるよりも勝っている。

欲をみたして得らるる楽しみと、欲を離れるための苦しみと、いずれが勝っているであろうか。離欲のための苦しみは、欲をみたす楽しみよりも、勝っている。

法に依《よ》らずして生きると、法によりて死すると、いずれが勝っているであろうか。法によりて死するは、法によらずして生きるよりも、勝っている。

南伝　小部経典経集　一三　犀角経

―独り行く―

声に驚かぬ獅子《しし》のごとく、網に捕えられぬ風のごとく、水に汚されぬ蓮《はす》のごとく、犀《さい》の角のごとく、ただ独り行かねばならぬ。

愛欲は甘く、愉《たの》しく、あでやかである。さまざまに形を変じて、人の心をかきみだす。すべての愛欲にわざわいあるを知りて、犀の角のごとく、ただ独り行かねばならぬ。

接触のあるところに愛執《あいしゅう》は生まれる。愛執を追えば苦しみを生ずる。愛執より生ずるわざわいを思い、犀の角のごとく、ただ独り行かねばならぬ。

人は利に従い、利に集まる。利をのぞまぬ友は、今の世に求めがたい。人はみな、おのれの利のみを見て清浄でない。犀の角のごとく、ただ独り行かねばならぬ。

出家の人々の間にも不和がある。在家の俗人の間にもあらそいがある。他の人の上に心をとどめず、犀の角のごとく、ただ独り行かねばならぬ。

それは執著であって、そこには幸いは少ない。そこには楽しみ少なくして、苦しみのみ多い。知者はその毒を知りて、犀の角のごとく、ただ独り行かねばならぬ。

寒さにも、暑さにも、飢えにも、渇きにも、風にも、雨にも打ち勝って、犀の角のごとく、ただ独り行かねばならぬ。

第三章　人間

―春　草―

南伝　小部経典　法句経

春草のごとく、欲愛は生いしげる。人もし放逸にして、力《つと》めざれば、彼は生より生に漂うて、あたかも林中に木の実をもとめる猿のごとく、安らう時もないであろう。

われ、なんじらによきことを教えよう。人々は、春の野に出でて、ビーラナ草の根を掘り、ウシーラ香を求めている。なんじらもまた、そのごとく、欲愛の根を掘るがよい。

欲愛の根はいたるところにはびこり、その蔓《つる》はいたるところに芽を生じ、葉を茂らせる。その蔓の生ずるを見なば、なんじらは、ただちに智慧をもって、その根を断たねばならぬ。

その根を断たなかったならば、樹の幹や枝は伐《き》られても、また芽を生ずる。それと同じく、人は、慾愛の執著を断たなかったならば、この生死の苦は、絶ゆる時がないであろう。

樹の枝や幹を伐るにとどまってはならぬ。欲の林を伐らねばならぬ。欲の林と欲の草むらを伐り除いて、比丘たちは、欲の林を脱け出でねばならぬ。

南伝　小部経典　長老偈経

―本　能―

人間の本能は、利益をもたらすものでもあり、また不利益をもたらすものでもある。それは、よく護られなかったならば、不利益となり、よく護られたならば、利益となるのである。

もし人、もろもろの物質《もの》に走りゆかんとする眼根《がんこん》を制せず、もろもろの物象にわざわいあることを知らなかったならば、彼は苦しみ悩むことを、まぬかれ得ぬであろう。

美しく快きもろもろの肉体的感触を忘れ得ず、むさぼる欲の本能に染著《せんじゃく》して離れざるものは、もろもろの苦しみ、もろもろの悩みを、担《にな》わねばならぬ。

これらもろもろの悪しき法則より、心を防ぎ護ることを得ざる者は、その故に、すべての本能より、苦悩しきりに生じて、彼に追いしたがうであろう。

もろもろの本能の根源を護り防ぎ、正しく調《ととの》え導くことを得たるとき、その時、人はよくおのれの義務を果たし、また何びとをも害《そこな》わないであろう。

かかる人は、利益の人であると言われ、法に住する者であると言われる。すべて仏の言教《おしえ》を行ないて、余すところなく、かかる人の上には福祉《さいわい》いよいよ豊かであろう。

南伝　小部経典　長老偈経

―心―

猿が、五つの戸口（五感）のある小舎（身体）に入り、鼻をならし、叫び声をあげて、戸口より戸口へと走りまわっている。

猿よ、立ちとどまれ、走ることなかれ。なんじはもはや、これまでのようには為《な》し得ぬであろう。なんじは智慧によって制せられるのだ。これからは、なんじは遠くに到ることはできぬであろう。

心よ、わたしはなんじを制止すること、あたかも象を小門に制止するがごとくするであろう。なんじ、身体より生ずる欲の網よ、わたしは、なんじを促して、邪《よこし》まをなさしめることはせぬであろう。

制止せられて、もはやなんじは進むことを得ぬであろう。あたかも、象が門を開くことを得ぬように、災《わざわい》なる心よ、なんじはもはや、しばしば暴力を用いて、悪事を快しとすることは得ぬであろう。

あたかも、駿馬《しゅんめ》を御する巧みなる勝れた御者が、生まれ良き馬を調御するがごとく、わたしは、五つの力（信・精進・念・定・慧）をもって、心よ、なんじを調御するであろう。

わたしは、正念をもって、なんじを縛《ばく》するであろう。自らを清うしてなんじを調御するであろう。なんじは精進の重荷に制せられて、これより遠くに到ることはできぬであろう。

―からだ―

南伝　小部経典　法句経

この肉体は、骨をもってつくられ、塗るに肉と血をもってしておる。その中には、老と死と、慢《まん》と偽《ぎ》とが蔵せられておる。

美々しく飾られた王者の車も、かならず朽ちる。この肉体もまた、ついに老いねばならぬ。されど善き人の法のみは、老いることがない。それは、善き人より善き人へと、いつまでも相伝えられる。

法を聞くことなき愚者は、牡牛《おうし》のごとく老いゆく。彼の肉は増せども、彼の智慧は増すことがない。

われは、この屋舎（輪廻《りんね》の当体）を作るものを求めて、見出だすことを得ず、いたずらに多《た》生《しょう》の流転を経てきたのであった。かかる生を受けること、いくたびであったか。それはみな、ことごとく苦にみちていた。

この屋舎を作るものよ。なんじはついに見出だされたぞ。もはや、われはかかる屋舎を作ることを、くり返さぬであろう。なんじのすべての垂木《たるき》は毀《こぼ》たれた。なんじのすべての棟木《むなぎ》は摧《くだ》かれた。わが心は一切の現象を離れて、ことごとく欲愛を滅しつくすことを得た。

南伝　小部経典　法句経　他

―飲　食―

蜜蜂は、花の色をそこなうことなく、ただその甘味をのみ採《と》りてゆく。かくのごとく、智者は村落に行乞《ぎょうこつ》するがよい。

なんじら比丘、もろもろの飲食を受くるに、まさに薬を服するがごとくするがよい。好ましきにおいても、好ましからぬにおいても、増減を生ずることがあってはならぬ。わずかに身を支うることを得、飢渇《きかつ》を除くを得るをもって、足れりとするがよい。蜂の花の蜜を採るや、ただその味をのみ採って、その色と香を損なうことがない。比丘もまた、かくのごとくするがよい。人の供養を受くるに、わずかに自ら飢渇を除くを得るをもって足り、多くを求めてその善心を壊《やぶ》るがごときことがあってはならぬ。

――いのち――

南伝　小部経典経集　四、六　老経

人のいのちは、まことに短小にして、百歳をこゆるものは、はなはだ少ない。たとい百歳をすぎて生くる者といえども、彼もまた老《おい》のために死なねばならぬ。

たとえば、夢の中にて会いたるものを、さめてのち人は見ざるがごとく、かくのごとく、愛する人々をば、命終われば見ることを得ぬであろう。

その名を某々と言われし人々、その名を世間に喧伝《けんでん》せられし人々も、亡じてのちは、その名のみが彼らを語るべく残るのみであろう。

――悪　業――

南伝　小部経典　法句経

虚空にあっても、海の中にいても、山のはざまの洞窟《どうくつ》にかくれても、そこにあれば悪しき業の果をまぬかれ得るというところは、この世界にはない。

たとい人は、一たび悪をなしても、かさねてこれをなしてはならぬ。またこれを喜んではならぬ。悪の積り重なりたるは苦である。

悪しき人といえども、いまだ悪業の熟さぬ間は、福善を見ることもあろう。だが、一たび業果の熟するにいたれば、その時、彼はどうしても苦悪を見なければならぬ。

これは、わたしには報い来ないであろうとて、小さな悪も軽視してはならぬ。したたる水のしずくも、積っては瓶《びん》をみたす。小さしとて、積み重ね積み重ねして、愚かなる者はついに悪にみたされる。

善は急がねばならぬ。心を悪より遠ざけねばならぬ。善をなすことを怠るものは、やがてその心、悪を喜ぶにいたるであろう。

―錆―

南伝　小部経典　法句経

鉄より生じた錆《さび》（垢穢《けがれ》）は、鉄より生じて鉄を腐蝕《ふしょく》せしめる。そのように、人の悪しき業《ごう》はおのれより生じて、おのれを悪しき処へとみちびく。

読誦《どくじゅ》せぬは、聖典の垢穢である。修復せぬは家屋の垢穢である。おこたりは善の垢穢であり、なおざりは衛士《えじ》の垢穢である。

不貞なるは婦人の垢穢である。吝嗇《りんしょく》はほどこしの垢穢である。悪しき行ないは、この世においても、かの世においても、垢穢である。

それらもろもろの垢穢よりも、さらにはなはだしきは無明《むみょう》である。そは最大の垢穢である。人はこの垢穢をすてて、無垢《むく》とならねばならぬ。

賢き人は、しだいに、少しずつ、刹那《せつな》々々に、おのれの垢穢を払うであろう。あたかも銀を精錬する鍛工《たんこう》が、銀の鉱垢《こうく》をのぞくがように。

―いかりを殺す―

南伝　相応部経典　一、七一

何ものを殺さば、安らけく眠ることを得るであろうか。何ものを殺さば、心に悲しみなきことを得るであろうか。世尊よ、おんみは、何ものを殺さば、称讃せられるであろうか。

瞋恚《いかり》を殺さば、安らけき眠りをうるであろう。いかりを殺さば、心は悲しみなきことを得るであろう。天神よ、いかりこそは、毒の根である。いかりこそは、毒ある蜜である。よくこのいかりを殺すものを、聖者は称讃するであろう。いかりを殺すものは、その心、悲しむことなければである。

―ことば―

南伝　小部経典　法句経　他

ことばの忿《いか》りを摂護《しょうご》せねばならぬ。ことばを制御せねばならぬ。ことばによる悪行をすてて、ことばによりて善行を修せねばならぬ。

出家の比丘たるものは、誇大であってはならぬ。受施《じゅせ》をもくろむことばを語ってはならぬ。傲慢《ごうまん》を学んではならぬ。異執《いしゅう》の論を語ってはならぬ。

もろもろの行者や、広言する人々が、なんじの上に汚辱《おじょく》することばを投げつけても、彼らに答うるに、粗《あら》きことばをもってしてはならぬ。善き人は返報をつつしまねばならぬからである。

けなされたからとて、駭《おど》ろき怖《おそ》れてはならぬ。褒《ほ》められたからとて、誇りたかぶってはならぬ。負欲と慳貪《けんどん》と忿慢《ふんまん》と両舌とを、比丘たるものは除かねばならぬ。

おしえのことばをもって叱責せられた時には、歓喜せねばならぬ。道をともにする者に対しては、心のとげを棄てねばならぬ。善にして時にかなえることばを語らねばならぬ。人々を誹《ひ》謗《ぼう》することを思うてはならぬ。

「何をわれは食わんか」「今日はいずこに臥《ふ》せんか」と、悲しみに導くことばは、出家の比丘たるものが、まさに調伏《ちょうぶく》せねばならぬところである。

―財　宝―

南伝　小部経典　小論経　八　伏蔵経

人々は、深き穴に財宝を伏蔵《ふくぞう》して、思う。「こは、何事ぞ起こりたるとき、わがために役立つことがあるであろう。あるいは王のために責めらるる時、あるいは賊のために盗まるる時、あるいは飢饉《ききん》の時、あるいは不幸の時……」世の人々は、かく思うて、深き穴に財宝を伏蔵する。

されど、いかに多くの財宝を、深き穴に埋蔵したりとするも、そは、かならずしも常に、彼のために役立つものではない。あるいはその場より消ゆることもあるであろう。あるいは敵が、あるいは彼の相続者が、彼の知らぬ間に掘り取ることもあるであろう。福業尽くる時、そはかならず消失するのである。

人は、布施をもって、自制をもって、従順をもって、財宝を積まねばならぬ。この善く積まれたる財宝は、力によっても奪われることなく、死後もなお彼に伴い従うであろう。

それは、盗人も盗むことを得ざる財宝である。他の者に分かつことを得ざる財宝である。

賢者は福業をこそ行ぜねばならぬ。そは彼の死後にまで伴いゆく財宝である。

―彼　岸―

南伝　小部経典　法句経

人間の中には、彼《か》の岸の涅槃にいたりつく者は、まことに少ない。此の岸の生死にある人々は、ただ岸に沿うて走るのみである。

比丘よ、この身のなかに棲《す》む邪念は、舟のなかの水に似ておる。この水を汲みだせ。水を汲みださば、なんじの舟は速やかに進むであろう。貪りと怒りとを断たば、なんじは速やかに彼の岸にいたるであろう。

存在の世界の彼の岸にいたり、未来の煩悩を離れ、過去の煩悩を離れ、また現在の煩悩を離れねばならぬ。意《こころ》を一切のところにおいて解脱せしむれば、なんじはふたたび生と老の苦しみを受くることがないであろう。

なんじの問いに対して、世尊の示したまえるがごとく、かくのごとく実践する者は、此《こ》の岸より彼の岸に到るであろう。

跋

一人あり。その世に現われることは、まことに難い。その一人とは誰ぞ。そは如来、応供《おうぐ》、正覚者《しょうがくしゃ》にまします。

一人あり。その世に生きるや、無等、無比にして、人中の最勝者として生まる。その一人とは誰ぞ。そは如来、応供、正覚者にまします。

一人あり。その世に生まるるは、多人の利益《りやく》のため、多人の安楽のため、世間の憐愍《れんみん》のため、人天《にんでん》の利益・安楽のためなり。その一人とは誰ぞ。そは如来、応供、正覚者にまします。

（南伝　増支部経典　一、一三、一人品）

かつて経の編者たちが、そのように称《たた》えたてまつった仏陀の道を、今日もまた、私どもは、称讃し、帰依したてまつって、その行履《あんり》に随《したが》いたいと念ずる。しかるに、その教えが、言語のゆえをもって、人々のまえに閉ざされているとしたならば、その障礙の克服のために努めることは、私どもこの道を学ぶものの一つの責務でなければならないと思う。

◇

わたしが、このささやかな仕事にとりかかったのは、今からすでに二十数年もまえのことであった。いま、私どものまえには、漢訳の経典のほか、梵語のそれがあり、またパーリ語のそれがある。殊に、パーリ語のそれは、きわめて整然たる組織をもって伝承せられたものであって、その邦語訳も先年『南伝大蔵経』として刊行された。わたしはそれらのすべてを資料として、釈尊の教法と言行とを、できるかぎり真相にちかく伝えている経をえらび、かつ、それを今日のわたしどもの言葉をもって綴《つづ》りなおすことを始めたのである。

かくして、結局、この一巻にとりいれた経の数はほぼ九十経であり、そして、そのすべてが、いわゆる阿含部《あごんぶ》に属するものであった。そのような撰び方をしたのは、外でもない、わたしは、釈尊の教法と言行とを、できるかぎりその真相にちかい表現をもって、この一巻に再現したいと思ったからである。

◇

それらの約九十経を、わたしは、七つの篇にわかって編集した。そのうち、第一篇と第二篇の『求道』と『伝道の開始』、ならびに、第七篇の『最後の説法』は、おおよそ編年史的な序にしたがって配列した。また、第三篇『根本説法』より第六篇『譬喩《ひゆ》説法』にいたるものは、すべて説法の内容もしくは形式の類によって集録した。そして、わたしは、さらに、第八篇に『聖句集』をこころみ、そこに約百五十の聖句をおさめた。それらの大部分は、釈尊に帰せられる聖句であるが、また、その何ほどかは、聖弟子たちに帰せられる句も存する。この編集は、かの『法句経』の故智にならうものである。

古い仏教術語は、できるかぎり、今日の適当な言葉にかえた。だが、たとえば、〝如来《にょらい》〟とか、〝涅《ね》槃《はん》〟とか、どうしても現代の言葉に訳せないものは、そのままにした。いわゆる、〝尊重故《そんちょうこ》〟である。また、人名や地名など固有名詞については、従来の漢訳をさけて、原音を仮名がきにした。だが、たとえば、アーナンダ（阿難）とか、ジェータ（祇陀）林とかのごとく、すでに人々の常識の中に生きているものは、原語の仮名がきの下に、古来の漢訳を付して、ふるい仏教知識との連絡を保つことにつとめた。

この一巻には、大乗仏典をまったく集録しなかった。その理由は、それらを軽んずるからでは決してない。ただ、わたしは、これまでやや疎《うと》んぜられていた釈尊の直々の教法そのものを、まず人々の心のなかに確立することを先きとしたのである。大乗仏典は、いうなれば、釈尊の教法を根本として、そこから生《お》い繁った幹であり、花であり、また果実である。その意味で、わたしはこの一巻を〝阿含経典による仏教の根本聖典〟とは申すのであります。

なお本書は、さきの在家仏教会版『現代語訳仏教聖典』を全面的に版を改め、改訂増補したものであります。

昭和五十八年七月

増　谷　文　雄

増谷　文雄（ますたに・ふみお）

1902年2月、福岡県に生まれる。

東京大学文学部宗教学科卒業。

東京大学講師。東京外国語大学教授。大正大学教授。都留文化大学学長を歴任。1987年12月逝去。

［主要著書］

『「阿含経典」を読む』全4巻『仏陀のことば』『現代語訳正法眼蔵』全8巻（角川書店）、『東洋思想の形成』（冨山房）、『仏教とキリスト教の比較研究』『根本仏教阿含経典講義』『仏教百話』（筑摩書房）、『根本仏教と大乗仏教』（佼成出版社）、『釈尊のさとり』（講談社学術文庫）、他多数。

本書は、1983年に大蔵出版株式会社より刊行された『阿含経典による仏教の根本聖典』の新装版です。

阿含経典による **仏教の根本聖典**

2024年5月15日　初版第1刷発行

著　者　増谷文雄
発行人　石原俊道
印　刷　亜細亜印刷株式会社
製　本　東京美術紙工協業組合
発行所　有限会社 大法輪閣
〒150-0022 東京都渋谷区恵比寿南 2-16-6-202
TEL 03－5724－3375（代表）
振替 00160－9－487196番
http://www.daihorin-kaku.com

装幀：クリエイティブ・コンセプト 江森恵子

　ISBN978-4-8046-1449-6　C0015